사부인과 서부인

예수의 삶을 산 두 선교사(사애리시·서사덕) 이야기

류명상 지음

밀알북스

서문

우리나라에 미 감리회 소속 선교사가 처음 들어온 것은 1885년의 스크랜턴 선교사 부부와 어머니 스크랜턴 대부인, 아펜젤러 선교사 부부 등 다섯 명으로 지금부터 137년 전이다. 그후 교파별로 많은 선교사가 한국에 와서 구석구석에서 교육과 의료 봉사를 통해 복음이 전국으로 퍼져나갔는데 충청도 공주지방에 처음으로 선교사가 파송된 것은 1898년 아펜젤러의 드루신학교 후배인 스웨어러(W.C. Swearer 서원보, 徐元輔) 선교사가 최초이다. 2차로 파송된 이가 맥길(William B. McGill)과 샤프(Robert Arthur Sharp), 3차로 파송된 이가 케이블(E.M. Cable, 기이부, 奇怡富), 테일러(Corwin Taylor, 재리오, 載理悟), 윌리엄(Frank Earl Williams, 우리암, 禹利岩) 등인데, 스웨어러(서원보) 선교사의 부인이 서부인, 샤프 선교사의 부인이 사부인이다.

사부인은 사애리시(史愛理施) 선교사로 비교적 잘 알려져 있고 영명여학교 설립자로 옛날 내가 태어나기 이전부터 비석도 서 있었으며 2019년 3.1 운동 100주년 기념일을 맞아 영명고 뒷동산에 유관순 열사와 함께 사부인 부부 동상도 세워졌고, 이야기 사애리시(2019. 신앙과지성사. 임연철) 책도 나온 바 있다.

반면에 서부인에 대해서는 별로 알려진 바가 적어 심지어는 사부인과 혼동하여 같은 인물로 여기기까지 한다. 실제로 아버지의 첫 번째 책 "근원을 찾아서"(2015. 신앙과지성사. 류제경) 252페이지에서는 서부인을 서사덕, 사애리시로 표기하기도 하고 유치원 졸업사진에 나오는 서부인을 샤프부인이라고 설명하는 오류도 있었다.

사부인과 서부인에 대해 정확히 정리해서 한번 원고를 써보라는 누나(류희상 권사)의 권면도 있고 해서 자료를 찾고 인터넷 구글 검색을 통해 몇 가지 단서를 찾게 되었지만, 한계가 있었다. 그러던 중 미국에 계신 명숙 고모님과 전화 통화를 통해 알게 된 서부인과 노마리아의 관계,

그리고 공금학원과 관련된 내용을 녹취하여 정리하였고, 또한 백정화 권사님과 사부인, 노마리아 장로님과 사부인 및 서부인과의 관계, 류제경 장로님과 서부인과의 관계, 그 외에 동시대에 선교사들을 도와 천안 진천 지방에서 본처 전도사로 활약하셨던 류중무의 활동에 대해서도 정리해 보았다.

정리하고 보니 나 혼자만 알고 있기에는 너무 아깝게 생각되어 가족들과 필요한 분들에게 조금이나마 도움이 되면 좋겠다는 생각에서 부족하나마 책자로 발간하고자 신앙과지성사(최병천 장로님)에게 원고를 보냈는데, 이렇게 작은 책자로 잘 편집해 주셔서 감사하게 생각한다. 만일 서부인에 관해 책이라도 쓴다면 묘지도 방문하고 살던 고장과 집도 찾아보고 가족들도 찾아 만나고 각종 보고서 기록들도 더 수집하고 보충해야 하겠지만 시간적으로나 금전적으로 현재로서는 엄두를 낼 수 없어 우선 현재까지 알게 된 사실만으로 간략히 정리하는 것으로 매듭짓고자 한다. 추후 서부인의 출생과 Ithaca로의 이사 배경, 학교 교육과 신앙생활, 스웨어러 선교사와의 결혼 과정, 은

퇴 후 여생 등을 추가 수정 보완하는 것은 누군가가 해주었으면 하는 희망을 품고 있다.

2022.3.1.

3.1운동 103주년 기념일에
국립대전현충원이 있는 대전 유성 지족동에서

백정화 권사님의 외증손,
류중무 전도사님의 증손, 류경석 장로님과 노마리아 장로님의 손자,
류제경 장로님과 오우섭 권사님의 막내아들
류명상

차례

1.
백정화 권사님과 사부인

백정화 권사님은 1880년생으로 충남 논산시 은진면 관촉사 부근에서 태어나셔서 공주 노명수 씨에게로 시집오신 후, 평생을 공주에서 외동딸 노마리아와 그 후손 7남매를 키우시며 사시다가 1972년 2월 12일 93세로 돌아가셨다. 노명수 할아버지께서는 키가 크고 건장하시며 목소리가 좋고 러시아공관 총사령관의 비서실장이셨다고도 하고, 고종황제 당시 근위병이셨다고 하니 지금의 청와대 경호실에 근무하신 셈인데 술을 즐기셔서 코가 늘 붉었다고 한다. 백정화 권사님께서는 얼굴이 뽀얀 미인이셨는데 노명수 할아버지한테 홀딱 반하셨다고 한다. 두 분이 언제 결혼하셨는지는 정확히 알 수 없으나 노마리아 할머니가 1897년 10월 10일에 출생하신 것으로 보아 1896년 정도부터 공주에서 사신 것으로 추정할 수 있겠다.

공주가 미감리회 연회록에 오르기 시작한 것은 1893년부터인데, 그때는 조선이 아직 개방되지 아니하였고 장차 그 문을 열기 위한 준비 기간으로, 1898년 최초로 서원보(Wilbur C. Swearer 徐元輔) 선교사를 이 지방 선교사로 세웠다. 서원보 선교사는 1898년 4월에 한국에 도착하여 수원 및 공주구역장으로 임명받았다. 당시 수원 공주구역장의 관할 지역은 경기도 남, 동부, 충청남북도, 경상도, 전라도를 모두 포함하는 것으로 주로 서울에 거주하면서 관할구역에 대한 보고만 있었지, 실제로 공주지방에 주재하지는 않았다. 1898년부터 1902년까지 수원 및 공주구역장으로 있었고 그 후 수원구역장(1902), 한국남지방 감리사(1903), 1906년 미국에 첫 휴가를 가서 미국 뉴욕 이타카 출신의 Miss May Shattuck와 결혼하였다. 결혼 후 공주로 파송 받아 공주에서 활동하다가 1916년 병에 걸려 귀국 후 뇌졸중으로 돌아가셨다. 서원보 선교사와 결혼한 서사덕(Lillian May Shattuck Swearer 서사덕, 徐思德) 부인은 1907년 남편과 공주에 도착하여 여자 선교와 교육에 진력하다가 남편이 병으로 귀국하였다가 뜻밖에 남편과 사별한 후, 다시 공주에 돌아와 선교와 교육사업에 헌신하시다가 1935년에 임기를 마치고 귀국하셨다. 귀국 후 한국 선교 활동을 미국에 알리는 등의 활동을 하시다가 1955년 캘리포니아주 로스앤젤레스에서 83세를 일기로 하나님의 부르심을 받고, 묘지는 남편 서원보 선교사와 함께 펜실베니아주 비이버 공동묘지에 있다.

공주지방에 최초 지역담당자로 파송된 이는 1898년 서원보 선교사였지만 공주에 주재하지는 않았다. 2차로 파송되어 주재한 이는 1903년의 맥길(William B. McGill)과 1904년의 샤프(Robert Arthur Sharp)이다. 세 번째로 파송 받은 선교사들은 1907년의 기이부(C. M. Cable, 奇怡富), 재리오(Corwin Taylor 載理悟), 우리암(Frank Earl Cranton Williams 禹利岩), 버스커크(Van Buskirk) 등이다. 그때까지는 남자 선교사 위주였고 여자 선교사로는 1904년 샤프 선교사의 부인인 샤프 앨리스(Alice Hammond Sharp 史愛理施) 선교사가 남

1. 백정화 권사님과 사부인

편과 함께 공주에 온 공주지방 최초의 여자 선교사이다. 사애리시 선교사는 1871년 캐나다 노바스코시아주 야머스시 기독교 가정에서 태어나 10대 시절 하나님의 은혜체험을 많이 하고 신앙인으로 일할 것을 생각하며 기도해왔다. 1897년 뉴욕에서 선교 훈련 학교에 입학하여 1900년 졸업하고 바로 그해에 한국으로 왔다. 선교 훈련 학교에서 샤프 씨로부터 청혼이 있었으나 선교가 먼저라 여겨 거절하고 한국으로 왔고, 3년 후 샤프 선교사가 한국으로 와서 1903년 6월 이화학당에서 결혼식을 올리고 1904년 공주지방 선교사로 부부가 파송되었다. 남편 샤프 선교사는 공주에 부임하여 바로 한 명의 교사와 몇 명의 소년으로 조그만 학교를 세웠는데 이것이 명설학당(明設學堂)이다. 나중에 이 명설학당을 바탕으로 하여 영명학당이 세워지게 된다. 샤프 선교사는 학당 설립과 함께 열정적으로 선교 활동을 하던 중 논산에서 순회 전도를 마치고 귀가 중 비를 피하러 상여 집에 들어갔다가 발진티푸스에 감염되어 1906년 3월 34세의 젊은 나이, 결혼한 지 3년 만에 별세하여 공주 영명동산에 묻히고, 부인은 그해 여름 미국으로 돌아갔다가 1908년 말 다시 한국으로 돌아와 1939년 정년까지 공주지방에서 헌신적으로 선교 활동을 마치고 귀국하여 캘리포니아주 로빈크로프트 선교사 요양원에서 말년을 보내시다가 1972년 101세에 돌아가셨다.

사애리시 선교사는 보통 사부인(史婦人)으로 불렸는데 백정화 할머니와의 첫 만남은 언제였을까? 아마 빠르면 1904년 일수도 있고 그 후 언제일 텐데 사부인께서 공주에 오기 전에 이미 공주에 감리교회가 있었다. 백정화 할머니께서 사부인이 오기 전부터 공주교회에 나갈 수도 있을 것이다. 그러나 당시의 문화로 보아 여성이 남자 선교사를 만나 전도 받기는 쉽지 않았을 것으로 생각된다. 그리고 선교 루트가 공주에서 논산으로 퍼져나갔기에 백정화 할머니께서 공주로 시집오기 전에 논산에서 신앙을 가졌을 리는 없다고 본다. 따라서 공주에서 사부인의 전도를 받고 예수님을 믿었다고 보는 것이 타당할 것이다. 그 해가 언제인지는 알 수 없으나 적어도 노마리아 할머니가 영명여학교를 들어가기 전일 것으로 본다. 노마리아 할머니가 1911년 2월 15일 영명보통학교를 졸업했으

백정화 권사님

므로 1905년 3월 입학한 것으로 본다면, 아마도 1904년에서 1905년 사이에 백정화 할머니께서 사부인의 전도를 받고 딸(노마리아)을 영명학교에 입학시켰다고 보는 것이 타당할 것이다. 즉 사부인이 공주에 부임한 초창기에 전도한 열매가 백정화 권사님과 그 가족이었을 것으로 생각된다. 노마리아 할머니는 1911년 영명보통학교를 졸업하던 해에 영명여자중학교가 문을 열고 첫 번 신입생으로 입학하게 되고 3년 후 영명중학교 1회로 졸업하게 되는데, 영명여자중학교를 세운 분이 바로 사부인이시다. 노마리아라는 이름도 아마 학교에 입학하게 되면서 선교사께서 이름을 지어주신 것이 아닌가 생각된다. 그 당시 마리아라는 이름을 생각한다는 것이 쉽지 않은 일이었을 것이다. 그 후 언제부터 언제까지인지는 정확히 알 수 없으나 백정화 할머니께서는 사부인 집에 가셔서 집안일을 도와드린 것으로 알고 있다. 이 일은 명숙 고모께서도 말씀하셨고, 희상 누나도 직접 말씀을 들었던 것을 기억하는 것으로 보아 꽤 긴 기간일 것으로 생각된다. 무료로 봉사를 하셨는지, 다소간 사례를 받고 아르바이트를 하신 것인지는 알 수 없으나, 백정화 할머니께서 워낙 깔끔하시고 바느질도 잘하시고 부지런한 분이시기에 사부인께서 집안일을 부탁하시지 않았나 생각된다. 당시 사부인 집에는 사부인 혼자만 사셨던 것이 아니고 다른 선교사들과 함께 생활하셨다고 하며, 그 당시 선교사 가옥이 지금도 영명동산에 붉은 벽돌집으로 반지하 1층, 지상 2층의 3층 집으로 남아있다.

백정화 권사님께서 바느질을 잘하셨다는 것을 내가 기억하는 것은 어린 시절 내가 입고 다니던 옷을 직접 바느질로 만들어 입히셨다. 그리고 바느질을 할 때 쓰는 골무를 직접 만들어서 쓰셨는데, 본인이 사용하는 것은 물론이고 예쁘게 만든 골무를 여러 개 만들어 두고 선물로 주시기도 하는 것을 본 적이 있다. 지난 9월『이야기 사애리시』책을 쓰신 임연철 박사께서 출판기념예배를 드리던 날 사부인의 후손인 데이빗 소로우 씨가 사부인의 소장품으로 간직하고 있던 샤프 목사님의 사진, 선물로 받은 노리개, 한복 인형 등의 물품을 천안하늘중앙교회에 기증했는데, 그중에 사부인께서 쓰시던 골무도 있었다. 골무를 보는 순간 옛날 백정화 할머니께서 예쁘게 만들어 사람들에게 나누어주셨던 여러 개의 골무를 본 기억이 떠올랐다. 어쩌면 저 골무가 백정화 권사님과 관련이 있을지도 모른다는 생각이 들었다.

2.
노마리아 장로와 사부인

노마리아 할머니께서 공주 영명보통학교와 영명중학교를 졸업하셨는데, 영명중학교를 설립한 분이 사부인이셨기에 직접 사부인에게서 교육을 받으신 분이다. 1913년 영명여학교를 제1회로 졸업할 당시의 상황을 당시 교감 이규갑이 조선그리스도인회보신문사에 기사를 보낸 것이 게재되어 기록으로 남아있는데 다음과 같다.

"충남 공주군 영명여학교 교감 이규갑 씨의 통신에 따르면 영명여학교 제1회 졸업식을 지난 4월 2일에 공주군 예배당에서 가졌는데 당일 성황은 관민 간 내빈이 4백여 명에 이르고 기타 관광객이 수백 명이라. 학생들의 청아한 창가와 내빈의 유익한 연설이며 권설을 재미있게 들을 때에 청중이 박수갈채를 보내고 교장(사애리시)이 졸업증서를 수여하니 졸업생은 진영신, 김일나, 박루이사, 서유돌나, 강면네, 로마리아 등 6인이며 진급생은 서순이 등 32인이니 기쁘도다. 이 여학교 졸업식은 충남에서 처음 있는 일이니 충남 여자 계의 빛이라 할 수 있다." (1913년 5월 19일 자 조선그리스도인 회보)

노마리아는 교장인 사부인으로부터 직접 교육을 받고 영명여학교를 졸업했을 뿐만 아니라, 사부인께서 세우신 충남의 여러 학교(경천, 강경, 둔포 등) 중에서, 특히 경천에 있는 원명여학교와 아산 둔포에 있는 배영여학교에서 교사로 근무하였다. 사부인의 1917년도 연회보고서에 의하면 "경천에도 우리 공주의 졸업생 한 명이 가 있는데, 경천학교에서도 좋은 소식이 들려오고 있다. 이 졸업생은 여자로 이교도들과 어린이들을 잘 가르친다고 이 여교사를 칭송하고 있다 ." (임연철 저, 『이야기 사애리시』 169 페이지)라고 되어있는데, 여기서 공주의 졸업생 한 명이 실

영명여학교 제1회 졸업생 6명(1913. 맨 우측이 노마리아)

명을 기록하지는 않았지만 바로 노마리아를 가르키는 것으로 추정할 수 있다. 그 근거로는 노마리아 할머니께서 1914년부터 1917년까지 충남 공주군 계룡면 경천리에 있는 원명여학교에서 교사로 근무하신 것으로 이력서에 기록되어있을 뿐 아니라, 류제경(노마리아의 장남, 필자의 아버지)의 제적등본을 보면 1917년 2월 28일 공주군 계룡면 경천리 원명여학교에서 출생한 것으로 기록되어 있다(그림 1). 따라서 사부인께서 1917년에 연회에 보고한 경천의 공주 졸업생 한 명이 바로 노마리아를 지칭한 것임에 의심의 여지가 없다. 이 졸업생이 이교도들과 어린이들을 잘 가르친다고 이 여교사를 칭송하고 있다고 한 것으로 보아 당시 원명여학교에서는 여자 어린이들뿐 아니라 성인 여성 특히 이교도들에게도 교육한 것으로 보이며, 노마리아 할머니께서는 아이들뿐 아니라 성인 여성, 특히 이교들에게도 성심성의껏 교육을 한 모범 교사였던 것으로 생각된다.

*1939년 초 사부인께서 은퇴하시고 그해 5월 정동교

전호주와의 관계	망 柳京錫 의 자			전 호 적	
부	망 柳京錫	남	본		
모	망 盧馬利亞		~~晋陽~~ 興陽	입적 또는 신호적	
호주	柳濟敬			출 생	서기 1917 년 2 월 28 일
				주민등록 번호	170228 – 1452415

공주군 계룡면 경천리 원명여학교 에서 출생

서기 1944년 10월 14일 吳文燮 과 혼인신고

서기 1990년 9월 10일 전호주 사망으로 호주 상속

서기 1990년 11월 28일 정정서에 의하여 본「晋陽」을「興陽」으로 직권 정정

류제경의 제적등본(출생지: 경천 원명여학교)

회에서 열린 기독교조선감리회 제7회 동 중 서부 연회회의록에 기록된 공주지방 보고서에서 전임 김응태 감리사가 보고한 내용 중 원명학원에 대해 언급한 부분이 있어 여기에 옮겨 적는다.

> 6) 경천구역은 지방 중에 특별히 농촌지도와 공동경작, 십일조 장려로 자작 자급하는 모범구역이다. 신령한 목사 서태원 씨의 열성과 활동으로 교회마다 신령하고 겸하여 자력갱생의 정신을 가지고 전진하는 중이다. 무산(無産)아동교육기관인 원명(元明)학원을 아주 아름답게 새로 건축하였다.(『이야기 사애리시』 p.310)

위 보고서 내용으로 보아 계룡 경천의 원명학원은 무산아동교육기관임과 또한 1939년 당시까지 꾸준히 성장하고 있었던 것을 알 수 있다.

한편 아산 둔포의 배영여학교는 그 후 기록이 없어 확인할 길이 없었는데 『이야기 사애리시』 책에 시작한 연도를 추측할 수 있는 단서만 있을 뿐 구체적으로 언제까지 존재했었는지는 확인할 수 없으나, 노마리아 장로의 이력서에는 아산 둔포 배영여학교 교사로 근무한 것으로 되어있고 명숙 고모의 녹취록에서도 그렇게 증언하고 있다.

3.
노마리아와 서부인

서사덕 부인께서 공금학원을 설립한 것이 1914년이고 그 후 운영을 주로 류경석, 노마리아 부부가 한 것으로 알려져 있다(부록: 공주제일교회 회의록 참조). 공주제일교회 회의록 등 자료에 의하면 공주공금야학원은 1914년 설립 후 계속 이어온 것이 아니고 경제적인 어려움 등으로 중간중간 끊어졌다 이어졌다 하다가 공주제일감리교회가 적극적인 관심으로 인력과 예산을 지원한 것을 알 수 있다.

1930년 5월부터 매월 10원씩 보조하던 것을 1936년에는 12원으로 보조를 인상하였다고 했다. 1935년 공금

공금학원 설립자 서사덕 여사 송별기념(1935.5.5, 중앙 가운데 서사덕 여사 우측이 노마리아, 서부인의 좌측 두 번째가 노마리아의 장남 류제경)

학원 설립자 서사덕 부인 송별 기념사진을 보아도 서사덕 부인과 바로 옆에 노마리아가 있는 것으로 보아 알 수 있다. 류명숙 고모의 증언에 의하면 당시 서부인께서는 노마리아를 수양딸로 삼았고, 사부인께서는 김은전을 수양딸로 삼았다고 했다. 서부인께서 1935년 미국으로 떠나면서 송별 기념으로 찍은 사진에는 노마리아와 그 가족(장남 류제경, 장녀 류정숙, 차녀 류인숙, 삼녀 류명숙, 차남 류제일)들과 함께 찍으면서 친필로 The last and perpetual memorial picture(마지막 그리고 영원히 기억될 사진)이라고 써준 것으로 보아 각별했던 관계였음을 알 수 있다.

서부인의 나이는 1872년생으로 남편 서원보 박사보다 한 살 아래이다. 1880년생인 백정화 권사님과 불과 여덟 살밖에 차이가 없음으로 서부인께서 노마리아를 수양딸로 삼았다고 하여도 무리는 아닐 것으로 보인다. 더구나 서부인께서 설립한 공금학원을 노마리아 류경석 부부가 주로 운영해온 것으로 보아 동역자라고 말할 수 있을 것이다.

서사덕 부인과 노마리아 가족 송별기념(1935.5.)
(사진에 쓴 글씨는 서사덕 선교사 친필, The last and perpetual memorial picture, 서부인 뒤가 류제경, 노마리아 뒤쪽에 류인숙, 류정숙, 가운데 류명숙, 맨 앞에 류제일)

4.
류제경과 서부인

아버지 류제경은 서부인께서 세운 공금학원에서 야학 선생으로 교육자의 첫발을 내디뎠다. 공주공립보통학교(중동초등학교) 6학년 때부터 공금학원에서 학생들을 가르쳤을 뿐 아니라 공금학원의 교가를 작사했다고 한다. 류명숙 고모의 증언에 따르면 온 가족이 공금학원에서 교사가 부족하거나 못 나오는 경우에 아버지와 큰고모(류정숙), 명숙 고모 등이 가르쳤으며 나이는 비록 적었어도 잘 가르쳤다고 한다. 당시 무산아동(돈이 없어 공부하지 못하는 남녀 아이들)에게 무료로 공부를 시켜주었는데 배움에 굶주렸다고 하는 말이 지금은 생소한 표현이지만, 배우고 싶어도 가르칠 곳과 교사가 없던 당시에는 실감 나는 표현이었음을 교가 가사를 통해, 그리고 당시 선교사들의 보고서를 통해 알 수 있다.

당시 류경석 할아버지께서는 일본 오사카에서 고무다라이 만드는 공장에서 일하시고 매달 받는 월급(20원~30원)을 한국으로 보내주셔서 그 돈으로 겨우 살림을 하였다고 한다. 노마리아 할머니께서 운영하시던 공금학원은 무산아동에게 무료로 교육을 했기에, 당연히 교사들도 무료로 자원봉사를 하는 것이어서 보수가 없었고 생활이 곤란하여 아버지께서 고등보통학교에 진학하기가 어려운 형편이었는데, 서사덕 부인께서 아버지에게 매달 5원씩 장학금을 주셔서 그 돈으로 진학을 할 수 있었다. 나중에 아버지의 일기에서 이에 대해 기록한 것이 있어 여기에 옮겨 적어 본다.

빚(1996.12.5., 제110-59권 73~74페이지)

항상 나눠주고 베푸는 일에 기뻐한다면 얼마나 기쁜 삶이 되겠는가… 온 세상 모든 사람들이 그렇게 살고자 마음먹고 그렇게 살아간다면 굳이 천국을 죽은 뒤에 가지 않고도 천국에 살 수 있다고 본다. 이 세상의 세계 각국 모든 크리스천들이 예수님의 가르침대로 나누고 베푸는 삶을 매일 할 때 이 세상이 낙원으로 바뀔 수 있다고 본다. 좀 이상하게 들길지 몰라도 암만 나눠주고 싶고 베풀고 싶어도 받아들이는 사람이 있어야 되는 것이 아닌가.. 딱 거절한다면 일방적으로는 할 수 없는 노릇이다. 그러니까 암만 나누는 일이, 베푸는 일이 바람직한 일이라 하더라도 일방적으로 아무에게나 할 수 없고 또 해서는 쓸데 없다. 필요한 사람 나눠달라고 애원하지 못하면서도 꼭 필요한 그런 사람에게 나눠주고 사랑을 베풀어야 서로가 기꺼이 고마움 게 이어질 수 있는 것이다. 이렇게 해서 따뜻한 베품을 받은 측에서는 사랑의 빚을 지게 되는 것이다. 물론 갚아야 된다는 조건에서 도와준 것은 아니다. 도움을 받아들인 것을 만족스럽게 생각하는 사람이 어떻게 그 은덕을 도루 받기를 바라겠는가... 예수님의 말씀대로라면 들어나지 않게 은밀히 행하여야 그 참 나눔이 빛을 낼 수 있다는 것이 아닌가...

받은 사람은 그 빚을 굳이 그 분에게 갚을 필요는 없다.

공주서 내가 공주고등보통학교에 다닐 때 그 때 돈으로

매월 5원씩 나에게 학비를 내주신 미국선교사 서부인이 언젠가 나보고 다른 사람에게, 즉 도움이 필요한 누군가에게 그렇게 하면 된다는 말씀을 하셨다. 나는 고마우신 그 분의 말씀에 따라 몇 명의 각 급 학교 학생들에게 장학금을 나누고 있다. 빚진 자는 그 빚을 갚아야 자유인이 될 수 있다. 그리고 그 빚을 통하여 더 많은 사람들에게 나눠주는 일을 통해 기쁜 마음을 깊이 간직할 수 있다. 감사히 받고 기쁘게 갚는 일은 참 필요한 일이다. 이거야말로 순수한 마음이다. 나누는 일이 굳이 장학금만은 아니다. 정신적인 격려, 위해서 기도하는 일, 편지, 전화 등 언제나 그 문은 열려 있다. 진 빚은 기꺼이 몇 배로 갚자. 내가 진 빚 중에 가장 큰 빚은 무엇일까…

시조(25747~25758)

시조(25747)

언제나 나눠주고 베푸는일 기뻐하면
얼마나 행복하고 보람에찬 삶이되나
어두움 밝히비취는 환한빛이 되어서

시조(25748)

온세상 모든사람 굳게한번 다짐하고
나누고 베푸는일 서로서로 힘쓴다면
죽은뒤 아닌지금도 천국에살 수있어

시조 (25749)

이세상 세계각국 크리스천 합심하여
예수님 말씀따라 나누고또 베푼다면
이세상 낙원이되어 살기좋은 세상돼

시조 (25750)

그럴리 없겠지만 나눠주고 베풀어도
상대방 아니받고 싫어하면 곤란한일
자존심 앞에내세워 결코아니 받으니

시조(25751)

주십사 애원하지 못하지만 궁핍한이
꼭필요 한그사람 나눠주고 베풀어야
서로가 고마움느껴 손을잡을 수있어

시조(25752)

따뜻한 사랑베품 받은사람 사랑의빚
갚아야 되겠다는 마음부담 있겠지만
언젠가 누군가에게 베풀면은 되는일

시조(25753)

나누고 베풀때는 은밀하게 조용하게
나팔을 불지말라 예수님의 가르치심
참사랑 빛을내려면 그말씀따 라야지

시조(25754)

청소년 공주시절 야학선생 힘쓸때에
선교사 서부인이 매월오원 장학금을
참으로 큰힘이되어 학교졸업 했었지

시조(25755)

서부인 자기한테 갚으려고 생각말고
장학금 필요한이 그들에게 전하라고
그말씀 명심하고서 서너사람 장학금

시조(25756)

빚진자 갚겠다는 그마음이 안떠나지
사랑빚 사랑으로 갚을때에 흐뭇해져
어느새 자유인되어 후련함느 껴지고

시조(25757)

조용히 나리는비 봄비속에 새싹나와
따뜻한 사랑나눔 마음속에 사랑의싹
자라고 또자라나서 꽃피고열 매맺어

시조(25758)

감사한 마음으로 받는사람 되어야지
기쁘게 갚는사람 될수있음 알아야지
감사와 기쁨속에서 모든빚다 갚게돼

위 글에서 아버지께서는 비록 사랑의 빚이지만 '빚진 자는 빚을 갚아야 자유인이 될 수 있다' 고 하였다. 서부인께서는 아버지에게 자기에게 갚지 말고 '누군가 필요한 사람에게 베풀면 되는 것' 이라고 말씀하셨고, 그 말씀대로 그 빚을 갚기 위해 생활이 넉넉지 않을 때도 몇몇 학생에게 장학금을 꾸준히 지급하셨던 것을 기억한다. 이는 자유인으로 살아가시기 위한 거룩한 부담감이었을 것으로 여겨지며, 마침내 그 빚을 갚은 만족함과 자유인이 된 기쁨을 누리신 것으로 이해된다.

5.
사부인과 서부인

1925년 테일러 목사(Corwin Taylor)가 쓴 연회보고서에는 다음과 같이 기록되어있다.

공주와 공주 근방에서의 기초적인 일은 침례교의 스테드맨 목사(Steadman)와 감리교 선교회 맥길 박사(McGil)에 의해 이루어졌다. 그러나 실제적으로 사업의 기초를 놓은 사람들은 한국에서 3년간 영광스런 해를 보낸 샤프 목사(Robert Sharp)와 그의 부인이었다. 육체적으로 튼튼하지 못한 몸을 가지고, 언어 때문에 고생하면서, 집을 짓고, 막 일어서고 있는 새 모임들을 관리하느라 먼 거리를

사애리시 선교사

서사덕 선교사

여행하고, 한번 이상 폭도들에게 공격을 당하다가, 그는 마침내 무서운 티푸스에게 굴복하고 말았다. 그의 날은 매우 짧은 것이었지만 그의 사업은 계속될 것이다. 그래서 여전히 많은 사람들이 1903~1906년간의 그의 사역에 대해 말을 하고 있다.

샤프 목사가 죽은 후에 서원보 목사 부부는 1906년 봄에 공주로 파송 받았다. 그러나 서원보 씨는 이미 건강이 망 가져 있었기 때문에, 몇 달 있다가 고국으로 일 년 간 휴식을 취하기 위해 가야 했다. 공주에서의 이런 서글픈 시작들은, 내가 감리교 출판사의 서가에서 게일 박사를 만났을 때, 터툴리안의 말 "순교자들의 피는 교회의 씨앗이다" 그리고 그 말에 덧붙어 있는 말인 "그것은 정확히 성서의 말은 아니지만 거의 그만큼 확실하다"라는 인용구를 생각나게 했다. 샤프 부인과 서원보 목사 부부는 사업지로 다시 돌아왔고 다른 신참들도 충원되었다. 그래서 오고 가는 것을 포함해서 공주에 위임된 선교사 수는 휴가로 가 있는 사람을 포함하여 11명이 되었다. 그들은 의사 부부, 선생 부부, 두 명의 선교사역자와 그들 부부, 세 명의 미혼 여자 사역자 등이다.

위의 보고서에서 알 수 있는 것은 초기 공주 선교사업의 기초를 놓은 사람 중에 샤프 목사 부부와 서원보 목사 부부가 있었다는 사실과 두 분 목사님 모두 병으로 일찍 세상을 떠나셨다는 것이다. 샤프 목사님은 공주에 오신 지 3년만에 티푸스 병으로, 서원보 목사님은 공주에 오신 지 10년째 되던 해에 뇌졸중으로 돌아가셨다. 두 분 목사님의 부인들께서는 남편 사별 후에도 다시 공주로 돌아 오셔서 하시던 사역을 계속하시다가 임기를 다 마치고 서부인은 1935년 5월, 사부인은 1939년 8월 각각 공주를 떠나 미국으로 돌아갔다. 사부인과 서부인은 같은 시기 공주에서 여성교육과 여성 선교에 청춘을 바친 분들이다. 이 두 분의 삶을 표로 비교해 보면 다음과 같다.

호칭	사부인	서부인
본 명	Alice Hammond Sharp	Lillian May Shattuck Swearer
한국명	사애리시(史愛理施)	서사덕(徐思德)
생년월일	1871.4.11.	1872.1.11
출생지	카나다 노바스코시아(Nova Scotia)주 야머스(Yarmouth)시 셰보규(Chebogue)	미국 뉴욕(New York)주 매디슨 카운티(Madison County) 카제노비아(Cazenovia)
학 교	뉴욕 브루클린 선교학교 1897입학, 1900졸업	미국에서 신학교와 사범학교 졸업
한국 입국	1900년	1906년
결혼 연도	1903년	1906년
남편 이름	Robert Sharp(1872-1906) 목사	Wilbur Carter Swearer (1871-1916) 목사

호칭	사부인	서부인
남편 사망연도	1906년 3월 5일(34세)	1916년(45세)
남편 사망 후 재입국	1908년 12월	1917년
은 퇴	1939년 8월	1935년 5월
사 망	1972.9.8.(101세)	1955.5.13.(83세)
묘 지	Mountain View Mausoleum Pasadena city, California, USA	Beaver Cemetery and Mausoleum Beaver, Beaver County, Pennsylvania, USA

1903년 파송된 샤프 선교사는 공주로 내려와 선교부를 개설하고 학교 설립 등 본격적인 사역을 추진하다가 1906년 3월 논산지방 순회 여행 중 감염된 전염병으로 목숨을 잃었다. 샤프 선교사의 장례식을 치른 직후(3월 8일) 스크랜턴 장로사(현재의 감독에 해당) 겸 총리사(현재의 감독회장에 해당)가 안타까운 심정을 선교본부에 편지로 알린 내용이다.

"말할 필요도 없이 우리 선교회는 아주 유능한 인물을 잃었습니다. 그는 그 무거운 짐도 능히 지고 나갈 능력의 보유자였습니다. 그는 협력을 잘하는 신실한 사역자였으며 자신에 대해서는 냉정하면서도 자기에게 맡겨진 일에 대해서는 최선을 다해 심사숙고하며 일을 처리하였습니다. 지난해 여름이 이들 부부에겐 어려운 시절이었습니다. 이들 부부가 살 집이 없어 고생을 많이 했는데 10월 1일에야 새집을 완성하였습니다. 그는 우리 선교회 가운데 가장 넓은 선교구역을 담당하고 있었습니다. 돌봐야 하는 교회가 1백여 곳에 이르렀고 교인은 1천 명이 넘었습니다. 그는 네 명이 맡아 할 일을 혼자 감당하였습니다. 결국 기력이 바닥나 병에 굴복하고 말았습니다. 그는 자기 구역을 순회하던 중 열병에 감염되었는데 병 자체는 그다지 위중한 것이 아니었으나 과로로 체력이 바닥난 상태에서 저항력마저 없어 목숨을 잃고 말았습니다." (W. B. Scranton's letter to Dr. Leonard, Mar. 8, 1906)

스크랜턴(2014. 공옥출판사, 이덕주) 680~681페이지

한편 스웨어러 선교사는 1907년 7월 급성질환(뇌일혈)으로 쓰러졌는데 이때의 상황을 설명한 내용을 여기에 옮겨 적는다.

같은 시기(1907년 7월), 스크랜턴은 공주에서 사역하던 중 급성 질환(뇌일혈)으로 쓰러져 위기에 처한 스웨어러(W.C. Swearer)를 찾아가서 진료하였다. 그는 자기 후임으로 미 감리회 한국선교회 관리자가 된 존스로부터 "스웨어러가 쓰러져 위급하다."는 긴급 연락을 받자마자 공주로 직접 내려가서 "중풍으로 오른쪽 팔과 다리를 쓸 수 없고 말도 어눌하고 안면 마비 상태에 이른" 스웨어러를 응급조치한 후 한 주간 동안 그곳에 머물며 사태를 지켜보았고[1], 스웨어러의 상태를 묻는 존스에게 "스웨어러가 한국에 남아 있는 한 사역에 대한 부담감에서 전적으로 헤어나지 못할 것이기 때문에" 그를 선교지 밖으로 보내 장기 요양시킬 필요가 있다는 의견을 냈다.[2] 이런 그의 의견에 따라 선교부는 스웨어러의 안식년 휴가를 허락하였고 스웨어러는 귀국해서 1년 6개월 동안 쉬면서 건강을 완전히 회복한 후 1909년 4월 선교지로 귀환하여 공주지방 장로사로서 업무에 복귀할 수 있었다. 이런 식으로 스크랜턴은 감리교 선교부와 선교사들을 계속 도

1 W. B. Scranton's letter to Dr. Jones, Jul. 17, 1907.
2 W. B. Scranton's letter to Dr. Jones, Aug. 13, 1907.

왔다.

스크랜턴(2014, 공옥출판사, 이덕주, 764~765 페이지)

한편 1905년 11월 창간되어 1941년 11월 폐간까지 국내에서 선교사들이 발행한 영문월간 잡지인 The Korean Mission Field 1916년 12월 호에 실린 서원보 박사(Rev. Wilbur C. Swearer)에 대한 추모의 글을 여기에 옮겨 적어 서원보 선교사가 어떠한 삶을 살았는지 살펴보고자 한다.

"한국에 있는 선교사들은 뉴욕으로부터 서원보 목사의 갑작스러운 죽음을 알리는 한 전보에 의해 대단한 충격을 받았다.

서원보 박사는 1898년 4월에 한국에 도착했고, 그때부터 오늘날까지 이 나라의 모든 기독교 사업에 밀접히 관계하고 있어서, 그의 사별은 한국에 오래 있었던 일꾼들에게 개인적인 상실감과 슬픔을 가져다주었다.

그보다 더 잘 준비하고 이곳으로 온 사람은 드물었다. 그는 캘리포니아 주립학교(State Normal School), 펜실베니아에 있는 알레거니 사립고등학교(Allegany Preparatory

School), 그리고 뉴욕, 쵸토카에 있는 알레거니대학 교양학과를 졸업했다. 그리고 그는 알레거니대학 국방학과에서 5년간 수학하고 소령의 계급으로 졸업했다. 1898년 드류신학교를 졸업하였고 뉴욕대학에서 2년간 대학원공부를 하였다. 그래서 그는 문학학사, 문학석사, 신학학사 학위를 수여 받았다. 그가 죽기 수개월 전에 모교로부터 명예 신학박사 학위를 받게 된 것은 그가 속해 있는 선교회 사람들에게 대단한 영광이었다.

서원보 박사의 부친은 판유리 제조에서 상당한 명성을 얻고 있는 발명가였고, 그도 어린 시절에 그 일에 능숙했었다. 그의 집은 신세계의 거대 산업중심지였던 피츠버그 지역의 서 펜실베니아에 있었다. 그는 그 지역의 강한 특징을 물려받았고, 이 특징은 완전한 학교준비와 더불어 서원보 박사를 이곳에 온 가장 훌륭한 사람 중 하나로 만들었다.

사역지에서의 그의 활동은 너무나 다양해서, 그같이 완전히 구비된 사람에게만 요구될 수 있는 그런 것이었다. 그는 무엇보다도 목회자였다. 그러나 그 일과 관련하여 그는 저술가였고 신학교 교수였다. 그리고 한번은 삼문

출판사의 운영인이었고, 기독교 공동체의 조직자이자 관리자였다. 그리고 그는 한국에 연회가 조직되던 때부터 지방 감리사였다.

그는 심오한 신앙의 소유자여서 모든 일에 충실하였고 그가 섬기는 백성들에게 진실하였다. 그리고 그가 맡은 임무에 충실하였고, 무엇보다도 그는 순수한 복음을 외쳤다.

1906년 그가 미국으로 첫 휴가를 떠났을 때, 그는 뉴욕 이타카의 메이 양(Miss May Shattuck)과 결혼하였다. 그들의 생활은 이 나라에서 하나님의 나라의 영광이 되었다.

서원보 박사가 자신의 대부분 선교생활을 보냈던 지역인 이곳 공주지방 사람들은 오랫동안 이 경건한 사람을 마음속에 애정으로 간직할 것이다."

1902~1930 천안 공주지방 교회사 자료집(1993.도서출판 에이멘. 홍석창, p 240~241)

다음은 선교사님들의 연회보고서 등에 남긴 기록 중에서 발췌하여 정리한 자료이다. 당시의 상황을 이해할 수 있는 귀중한 자료라 생각되어 여기에 옮겨 적어 본다.

가. 서부인의 한국 인상 기록(1907.1.)

서부인께서 1907년 1월 기록한 한국에 처음 올 때의 인상을 기록하여 선교보고서에 올린 글이 남아있어 이곳에 옮겨 적어본다. 서부인께서 처음 한국 땅에 발을 디디면서 하얀 옷을 입은 사람들과 지게에 깊은 인상을 받았고 한국인들의 용모와 산과 들, 집과 사람들의 모습을 본대로 느낀 대로 기록한 내용으로 당시의 빈곤하고 척박했던 한국의 사회상을 알 수 있다.

〈낯선 땅에서 받은 첫인상〉

어떤 사람이 뉴욕에서 잠자리에 들고 서울에서 깬다면, 그는 아마 자기가 꿈속에서 어떤 미지의 혹성으로 옮겨졌다고 생각할 것이다. 그만큼 풍경이나 사람이나 관습에서 변화가 심하기 때문이다. 그러나 대부분의 경우와 마찬가지로 이런 변화는 다소간 점진적인 과정을 거친다.

금문교(Golden Gate)를 떠난 후 첫 번째 도착지점인 호놀룰루는 새로운 것들을 많이 보여주지만, 집과 사람들의 방식에서는 역시 친근한 것들을 많이 보여준다. 열대지방 식물들을 제외한다면, 사람들은 자기가 미국에 있는 어느 도시 안에 있다고 생각할 수 있을 정도이다.

다음 착륙지점인 일본은 우리에게 낯선 곳으로서, 부분적으로는 한국해협 너머에 있는 마지막 착륙지점에 대해 우리를 미리 준비시켜준다. 그러나 우리는 여전히 여기서 우리가 이전에 살아오던 지구의 많은 속성들을 발견할 수 있다.

내 경우로는 한국을 처음 본 것이, 해협에서 겪은 사나운 밤이 지난 후였다. 그래서 심지어 이 황량하고 쓸쓸한 바닷가도 아주 반가웠다. 첫 번째 새롭게 눈에 띠는 인상은 우리를 맞이하기 위해 둘러선 한국인들의 하얀(?) 옷에 관한 것이었다. 나는 이미 그들의 의복 형태에 관해 들은 바 있지만, 그 독특성을 깨닫기 위해서는 실질적인 관찰이 필요했다. 그 다음 번째 인상은 지게에 관한 것이었고, 그것은 굉장히 새롭고 가장 독특한 것이었다. 우리가 부두에 발을 들여놓았을 때, 나의 눈은 지게와 하얀 옷으로 유별나게 조화를 이룬 한 사람에게 쏠렸고, 그는 열심히 몸짓 손짓을 하면서 자기가 기차역까지 우리의 모든 짐을 운반할 준비가 되어있고 또 필요하다면 우리들까지 운반할 준비가 되어 있다는 것을 명백히 전달했다. 그의 몸짓 언어는 너무나 능숙해서 나는 감탄하지 않을 수 없었다.

부산에서 서울까지의 기차여행은 이 나라를 관찰할 좋은 기회를 제공해주었다. 처음에는 주변이 너무나 황량하고 나무도 보이지 않아서 실망스러웠고, 골짜기에 있는 경작지도 너무나 작고 모양새가 없어서 가난과 비참함을 암시해 주었다. 이런 인상은 우리가 웅크린 모양으로 모여 있는 가옥들에 다가가면서 더욱 강해졌다. 유별나게 하얀 옷을 입고, 들에서 일하거나 길을 걸어 다니는 사람들은 기괴하고 신비스럽게 보였고, 산들도 가까이할 수 없는 것처럼 보였다. 그러나 곧 이것들은 점점 나의 마음을 움직여서 그날이 다가기 전에 친근한 얼굴을 보여주었다. 밤이 되어 해가 붉은 황금빛으로 빛나면서 경치 뒤로 사라져 갈 때, 그 경치는 아름다워 보였고 그 후에도 계속 그러하였다. 서울 주변의 이 산들은 이미 오랜 친구처럼 보였고, 거친 능선과 바위 비탈들이 가지는 아름다움 속에서 매우 유익하고 고무적으로 되었다.

거리의 모습은 끊임없는 흥밋거리이다. 혼잡스럽게 서로 섞여 있는 사람과 동물들, 무거운 짐을 지고 있는 황

소들, 작은 털복숭이 나귀들, 무거운 짐을 끌고 당기는 사람들, 큰 짐을 지고 있는 사람들, 긴 곰방대로 담배를 피우는 것을 제외하고는 분명히 아무 할 일도 없이 빈둥거리며 돌아다니는 사람들, 머리 위로 옷을 둘러쓴 부인네들, 너무나 똑같이 옷을 입고 다녀서 분간하기가 곤란한 소년 소녀들, 이 모든 광경들은 아주 새롭고 이상하지만, 또 그 때문에 더욱 흥미롭다.

사람들은 대단한 흥밋거리이다. 그들은 처음부터 각각의 특징을 나타내어서 보통 생각하는 바와는 달리 전혀 똑같이 생기지 않았다. 그들의 용모는 여타의 동양 백성들보다 훨씬 더 상냥하다. 또 그들은 매우 친절하고 예절바르다. 민족적으로 볼 때, 그들은 다른 데서는 별로 찾아볼 수 없는 당당한 위엄을 지니고 있는 것 같다. 다른 나라의 경우와 비교할 때, 어린이들도 더 진지하고 차분하게 보인다. 그들 조상이 수세기에 걸쳐 겪은 불행하고 어두운 상황이 그들에게 영향을 미쳐서 억제된 분위기를 주었던 것이 아닌가?

"아름다움은 보는 사람의 눈에 달려 있다."는 속담이 있는데, 이 말은 가시적인 세계에서 종종 사실로 나타난다.

왜냐하면 다른 사람이 아무것도 보지 못하는 곳에서, 어떤 사람은 형태와 색깔과 그늘의 아름다움을 볼 수 있기 때문이다. 뿐만 아니라 그 말은 정신과 영혼의 영역에서도 사실이다. 만일 우리가 즐거운 것들을 찾는다면, 우리는 그것들을 어디에서나 찾을 수 있다. 따라서 만일 우리가 바위나 산이나 일몰 광경을 포함한 모든 형태의 아름다움에 민감한 눈과 마음을 가지고 이 땅으로 온다면, 우리는 절대 실망하지 않을 것이다. 우리는 우리가 기대하는 것 이상을 발견하게 될 것이다.(1902-1930 천안 공주지방 교회사 자료집, 홍석창 편저 p.210-212)

나. 서부인의 공주지방 보고서(1907.6.)

다음은 서부인께서 공주에 와서 선교 활동을 하면서 겪었던 성령의 역사하심을 보고한 내용의 일부를 옮겨 적어 본다.

1907년 6월 〈복음전파〉 중 일부(서원보 부인)

이곳의 중심지인 공주는 싸움과 불화로 찢겨진 채 많은 퇴보를 겪었다. 한국인 목사가 마귀에게 유혹되었기 때문에 한국인 교역자가 한 사람도 없었고, 우리의 형제 로버트 샤프의 죽음으로 외국인의 도움도 받지 못하고 있었다. 이런 전반적인 어려운 상황에서 나는 이곳이 내가 있어야 할 마지막 장소라고 생각했다. 이런 상황은 수주 전까지 계속되었는데, 마침내 하나님은 공주를 위한 많은 중보의 기도에 놀랍게 응답하셨다. 4월 첫 주에 윌리암스 형제가 그의 조사(助事, helper)와 함께 부흥회를 시작하였고, 곧 바로 성령의 임재와 능력이 나타났다. 도중에 윌리암스가 갑자기 다른 곳으로 불리워 갔지만 그 모임은 계속되었고, 그가 떠난 하루 이틀 후 내가 도착했을 때 그 모임은 놀라운 열기로 가득 차 있었다. 며칠 후 열심이 충만하고 성령의 세례를 받은 젊은 두 형제가 노블 형제의 주선으로 그 괄목할 만한 부흥의 장소인 평양으로부터 왔다. 매일 하는 설교로 인해 나의 목은 이미 완전히 고장이 나서, 이 모임을 그 두 형제의 손에 완전히 일임하였다. 그들의 열심은 비할 데 없었다. 온 교인들은 울면서 크게 기도하였고 사방에서는 흐느끼는 소리가 들렸다. 공중 앞에서 죄를 고백할 기회가 주어지자, 그들은 일어섰고 그동안의 번민이 너무나 심해서 얼마동안은 흐느끼느라고 죄의 고백을 하지 못했다. 그리고 죄의 고백이 시작되었을 때 엄청난 갖가지 죄들이 쏟아져 나왔다! 이전의 목사는 도적질을 고백했고 형제를 미워한 것 등을 포함하여 그 밖의 많은 것들을 고백했다. 임원 중 한 사람은 그의 잘못된 대우로 인해 교회를 떠났었다. 그 목사는 이것을 회개하면서 한밤중에 그 형제의 집으로 찾아가서 같이 기도하고 죄를 고백했고, 서로 화해하면서 믿음의 징표로 성경을 교환하였다. 이렇게 일은 잘 진행되었고 마침내는 그 교회가 완전히 청소되었다. 지금은 그곳을 방문하는 것이 즐겁다.(1902- 1930 천안 공주지방 교회사 자료집, 홍석창 편저 p. 212-213)

다. 서원보 감리사의 사부인과 서부인 관련 보고(1912.9)

다음은 공주지방 감리사로서 서원보 목사께서 연회에 보고한 보고서 중에서 사부인과 서부인 관련 부분을 발췌하여 옮긴 것으로 사부인의 열정적인 순회 활동과 숯 연기 중독으로 죽음의 고비에서 살아난 서부인 이야기가 기록되어있다.

샤프 부인(사부인)은 너무 많이 여행하여서 우리에게 이상한 사람처럼 보인다. 내가 가는 모든 교회들마다 부녀자들이 샤프 부인에 대해 이야기를 하고, 그들이 그녀의 방문을 얼마나 즐거워하며 그녀가 곧 다시 오게 되기를 바란다고 말하곤 했다. 생생한 그림으로 표현하자면 그녀는 거의 동시에 여러 곳에 나타나는 것 같다. 그래서 만일 그녀가 세 부분으로 나뉘어서 세 개의 큰 부분에서 각각 일을 할 수 있다면, 우리는 매우 기쁠 것이다. 서원보 부인(서부인)과 반 버스커크 부인은 주일학교반을 가르쳤고 집집마다 부인들은 방문했다. 그리고 서원보 부인(서부인)은 매주 토요일 저녁에 주일학교 공과를 위해 교사들을 가르쳤다. 윌리암스 부인은 교회의 부인들을 위해 금요 심야기도회를 인도했다.

우리가 여행하면서 겪은 약간의 개인적인 경험들은 온건하게 표현하자면 별로 즐겁지 않은 것들이었다. 어느 날 밤 우리는 식사와 잠자리도 잊은 채 목적지에서 15리 떨어진 이상한 산골 마을에서 한 나이든 한문선생과 함께 4피트~6피트 되는 방안에서 눈도 못 붙이고 보낸 적이 있다. 또 어느 날 밤에는 숯 연기에 중독되어서 죽음의 경계에서 몇 시간을 넘나들은 적이 있다. 그때 나는 예수님이 기도하시면서 보내신 그 밤이 어떤 것인가에 대해 약간 알게 되었다. 우리는 감사하는 마음으로 서원보 부인(서부인)을 건강으로 회복시킨 하나님의 선하심을 찬양한다. 선교본부 사람들의 모든 생명은 앞으로의 봉사를 위해 보존된 것이고, 우리는 "모든 선과 완전한 선물을 주시는" 그분께 감사를 드린다. (1902-1930 천안 공주지방 교회사 자료집, 홍석창 편저 p.226-227)

라. 스웨어러 부인의 1915년 5월 〈충청도에서의 성령의 역사〉 보고

다음은 스웨어러 부인(서부인)께서 보고 겪은 충남의 세 곳 교회에서의 성령체험을 기록한 보고서이다. 당시 부흥회를 통해 강력하게 임했던 성령의 역사로 회개와 용서, 가족 구원의 열정 등을 알 수 있는 대목이다. 그리고 이 글에서 저자의 이름이 처음으로 Lilian May Swearer로 기록된 것으로 보아 서부인의 결혼 전 이름이 Lilian May Shattuck에서 서원보 박사와 결혼 이후 Lilian May Swearer로 바뀐 것으로 본다.

최근에 우리는 사람들을 새 삶으로 변화시킨 부흥회의

소식들을 한국 각처로부터 들었다. 부흥의 불은 이 지방까지 번졌고, 이 글의 목적은 충청도에 나타난 성령의 놀라운 역사 중 몇 가지를 알리기 위함이다. 지난 8주 동안 우리는 계속 부흥회를 가졌고, 조금 전만 해도 영적 진리에 대해 아무것도 모르던 사람들까지 하나님께서 성령을 채우시는 것을 보고, 우리는 경외심과 감사함으로 가득 찼다.

우리는 1월에 동(東)지방의 한 마을인 구미동에서 아침 저녁으로 부흥회를 하면서 남녀 사경반을 시작했다. 아침 집회는 매일 5시 30분에 시작해서 약 2시간이 소요되었는데, 하루는 사람들에게 성령이 내려와서 모두 오후 1시 30분까지 집회를 계속했다. 사경반은 9시 30분에 시작하여 낮시간 동안 지속되었고, 저녁에는 부흥회가 이어졌다. 이곳에 한국인 전도인 3명이 각자의 마음에 더 큰 은혜받기를 몹시 바라면서 이곳에 왔다. 저녁 집회가 늦게 끝났지만, 그들은 사람들이 모두 가버린 후에 차가운 교회에 남아서 계속 기도를 하였다. 그들이 기도하기 위해 처음 모이게 된 것은 신기한 일이었다. 왜냐하면 그들 중 아무도 다른 사람이 더 기도하려는 마음이 있는 줄 모르고 있었기 때문이었다. 첫날 저녁예배가 끝난 후, 신 씨는 오 씨가 집에 가지 않고 남아있는 것을 보고 그에게 왜 가지 않느냐고 물었다. 그러자 그는 기도하기를 원해서 남아있다고 대답했다. 신 씨는 "나도 그것 때문에 남아있는 것입니다. 우리 같이 기도합시다."라고 말했다. 그런데 그들이 같이 기도하는 동안, 그들은 교회 옆에 있는 나무들 밑에서 누군가가 울면서 기도하는 소리를 들었다. 그들이 찾아가 보니 김 씨가 기도하고 있어서, 그도 나머지 두 사람에 합류하게 되었다. 시간이 흐르면서 그들은 성령의 임재를 위해 아주 열심히 기도하였고, 드디어 위에서 말한 그 날에는 모든 사람이 5시 30분부터 1시 30분까지 집회를 가졌다. 그날 아침에 그들은 자기들이 응답을 받지 않으면 집에 가지 않겠다고 선언했다. 서너 시간 동안 완전한 기도의 합창이 하나님께 올라갔고, 그러는 중에 불이 내려와서 이 세 사람은 마음의 소원을 성취했다. 이때 다른 사람들도 같은 경험을 하였다. 이 모임들 중에 특별한 회개의 경우들이 많이 있었다. 그중 그곳에 사는 한 권사의 경우가 있다. 그는 너무나 영혼에 번민이 가득 차서, 몇 시간 동안 회개를 하였다. 그는 신음하였고 울면서 기도하다가 너무나 괴로워서 바닥에 굴렀다. 그러나 오랫동안 자신의 죄를 고백할 수 없었다. 한번은 그가 벌떡 일어서더니 가야겠다고 말하면서 방을 뛰쳐나갔다. 잠시 후 그는 돌아와서 다시 기도하기 시작했다. 그의 입술은 이빨 뒤로 말려있었고 얼굴은 차마 볼 수 없을 지경으로 무서워 보였다. 그의 번민은 그 정도로 큰 것이어서 온몸을 떨었고, 경주를 한 사람같이 헐떡였다. 점차적으로 하나님께 도움의 기도를 하면서 중간중간 쉬다가, 새벽 1시경에 회개의 기도를 마쳤다. 그는 용서를 요구할 믿음을 얻었고 평화를 발견했다. 그 후로 그는 다른 사람이 되었다. 그의 얼굴은 빛이 났고 다른 사람들도 같은 평화를 얻도록 열심히 기도했다. 만일 누군가 그의 영혼이 이날 밤에 통과해야 했던 과정을 보게 된다면, 죄의 끔찍스러움을 마음에 지울 수 없을 정도로 확실히 새길 것이다.

그곳에 있는 학교 선생은 놀라운 경험을 하였다. 그는 사경반이 끝날 때까지 아무 말도 하지 않았다. 그러다가 고백의 시간이 되자 그는 자랑을 했고, 그 이야기 중에서 그들이 비록 지금은 성령을 받았지만 오래가지 않아서 이전과 같은 죄를 지을 것이라고 말하는 것이었다. 이때 우리가 흐뭇하게도, 몇 명이 급히 일어서서 하나님이 자기들을 죄에서 멀리해 주실 것을 믿고 있다고 말했다. 학교 선생은 무릎을 꿇었고 이에 모든 사람들은 그를 위해 기도하였다. 서원보 씨와 세 명의 전도인이 함께 그의 머리 위에 손을 얹었고, 강하게 그에게 회개하라고 권면하면서 기도했다. 그는 노력하는 것 같았다. 그러나 진짜로 그러는 것이 아니었다. 그는 곧 이렇게 기도하기 시작했다. "오 주님, 이제 내가 루터와 바울의 영을 받아서 교회의 기초가 됨을 감사합니다." 오 씨는 말했다. "우리는 루터와 아무런 상관이 없소. 우리는 루터보다도 더 믿어야 할 분이 있소. 그분이 예수님이오. 당신의 교만한 마음은 아직 변하지 않았소. 당신의 자만심을 위하여 울면서 회개하시오." 그들은 이렇게 그를 놓고 기도하였고, 마침내 그는 회개하는 것 같았고 자신이 용서를 받았다고 말했다. 그러나 그 세 사람은 그가 아직 의롭게 되지 못했다고 생각하면서 집회가 끝난 후 남아서 그와 계속 기도하였다. 마침내 그들은 집에 돌아가기 시작하였다. 그러나 그 젊은이는 오 씨에게 가지 말라고 부탁했고 오 씨는 밤새도록 그와 함께 남아있었다. 그리고 다음 날 아침 집회 때 그 젊은이는 자신이 이전에 한 회개는 가식뿐이었다고 고백했다. 그리고 그는 진심으로 하나님께 자백하면서 그의 용서를 빌었다. 우리는 그가 진정으로 변했다고 믿는다. 왜냐하면 부서지고 겸손해진 그의 얼굴이 그것을 입증하기 때문이다.

이 집회 중 아마 가장 감동적인 것은 오 씨의 어머니의 회심일 것이다. 어느 날 저녁 오 씨가 설교를 한 후에, 그는 자기가 이 큰 은혜를 지금 받았지만 그의 마음은 집안의 상태로 인해 괴롭고 자기의 집안은 반드시 변해야 한다고 말했다. 그것은 시어머니와 며느리 간의 구식 이야기였다. 그는 계속 말했다. "내 어머니가 이 집회에 참석하고 계십니다. 내가 알기로는 어머니는 한 번도 회개한 적이 없습니다. 그분은 저기 뒤에 앉아 계신 데 여러분들 모두 어머니를 위해 기도해 주시기 바랍니다." 모든 사람들이 기도하기 시작했을 때, 담임목사는 뒤로 가서 그 노부인을 앞으로 데리고 나왔다. 그녀는 당황한 듯이 보였지만, 순종하면서 무릎을 꿇었다. 우리는 모두 그녀 주위로 모였고, 오 씨는 그 앞에 무릎을 꿇으면서 손을 그

어머니의 머리 위에 얹고서 말했다. " 자 어머니, 죄를 하나님께 고하시고 진심으로 용서를 구하세요." 이 노부인은 순종하려고 노력하였다. 그러나 그녀는 영적인 것에 대해 무지하여서 어떻게 해야 하는지 몰랐다. 그녀는 알아들을 수 없는 말들을 중얼거렸다. 그러자 그녀의 아들은 그것을 알아듣고 말하였다. "어머니, 그것은 죄가 아닙니다. 그것을 회개할 필요는 없어요." 그리고 그는 울부짖었다. "오, 어머니는 이해하시지 못하십니다. 제가 대신 회개하겠습니다!" 그는 손을 어머니의 머리에 얹고 눈물을 흘리면서 그의 어머니의 죄를 하나님께 고백했다. 그것은 가장 감동적인 것이었고, 그의 기도는 하늘 옥좌에 이르러서 즉시 응답이 내려왔다. 그가 여러 가지 것들을 고백하자 그의 어머니는 그것들을 알아들었고, 죄의 고통이 그녀에게 임해서 곧 스스로 회개하면서 몹시 울기 시작했다. 그녀의 영혼이 각성하게 된 방법은 정말로 놀라운 것이었다. 그녀는 회개했을 뿐만 아니라, "하나님이 나를 용서하신 것을 나는 압니다."라고 믿음의 말을 하기까지 하였다. 곧 그녀는 일어서서 용서함 받은 행복한 영혼을 가지고 자기 자리로 돌아갔다. 이것은 사실이었다. 왜냐하면 그녀가 얼마나 많이 변했는지 그녀의 아들이 후에 우리에게 이야기했고, 마지막 집회 때 그녀가 하나님께 받은 은혜를 증거했기 때문이다. 어머니를 향한 오 씨의 이런 걱정이 이렇게 즉각적인 열매를 맺었던 것이다. 여러 사람들이 자신의 부인들을 위해 기도를 요청했다. 그중 위에서 언급한 학교 선생은 밤 11시에 집으로부터 부인을 데리고 와서 "내 아내가 기도할 수 있도록 도와주십시오."라고 말했다. 이것은 매우 상서로운 징조이다. 한국인 남자가 동물보다 약간 나은 것으로 당연스레 생각하던 부인에게 관심을 갖게 되는 것이기 때문이다.

우리가 공주에 돌아오자 한국인 목사는 매우 당황하였다. 왜냐하면 서울로부터 와서 당장 부흥회를 시작할 것으로 기대했던 한 전도인에 대해 실망했기 때문이었다. 우리의 마음은 즉시 구미동에서 그렇게 큰 은혜를 끼쳤던 성령 충만한 그 사람들에게로 쏠렸다. 우리는 그들을 부르러 보냈고 결국 놀라운 부흥이 일어났다. 이 교회는 매우 나쁜 상황 하에 있었다. 여러 학교 선생들이 서로서로, 그리고 교인들과 불화하면서 싸우고 있었던 것이다.

이 교회는 전반적으로 분열되어 있었고 나쁜 감정이 있어서, 몇 사람들은 이런 것들을 벗어나기 위해 다른 데로 가겠다고 공포하였다. 그러나 이제는 모든 것이 변했고 사랑과 선의의 기운이 만연하고 있다.

성령이 능력으로 죄를 깨닫게 하고 회개하게 하는 것을 보여주는 많은 경우들 중 하나가 있다. 우리의 개인적인 조사는 옛 학교의 매우 근엄한 양반이다. 사람들은 그가 어떤 상황에서도 흥분하리라고는 상상하지 못한다. 그러나 그런 사람도 성령은 저항할 수 없었다. 한 오후 집회 중 그는 교인들 앞에서 거칠게 일어서더니 무엇인가를 헐떡이며 말을 하면서 마루를 굴렀다. 그는 놀랄 만한 방법으로 굴러다녔다. 몇 명이 그를 붙잡고서 제지하려고 하였지만, 그는 미친 사람처럼 요동을 쳤다. 그러다가 갑자기 그의 힘이 그를 떠나는 것 같더니 죽는 것같이 창백해지면서 넘어졌고 곧 의식을 잃었다. 우리는 물을 가져오게 했고 그는 다시 정신을 차렸다. 그는 자신의 죄를 고백하면서 용서의 기도를 하였고, 다른 사람들은 그를 위해 기도해 주었다. 그러나 그는 용서함을 느끼지 못했다. 그래서 그는 억지로 일어서서 혼자 기도하기 위해 어디론가 가버렸다. 잠시 후 그는 다시 돌아왔고, 우리는 그를 위해 기도하였고 같이 이야기를 하면서 성경을 읽어주었다. 그러다가 갑자기 그는 성령의 증거를 받았고, 마루 위에서 뛰어 일어나서 팔을 공중에 뻗으면서 뛰면서 외쳤다. "하나님께 영광."

보이는 대로 말하자면, 어떤 한 집회에서는 모든 사람들이 성령에 의해 감전되었다. 많은 사람들이 회개하였고, 그들은 얼굴을 마루에 대고 성령세례를 위해 기도하였다. 서원보 씨는 사람들 앞에 서서 다음 성경 구절을 읽었다. "네가 악할지라도 자식들에게 좋은 것들을 줄 줄 알거든, 하늘에 계신 너의 아버지께서 구하는 자들에게 성령을 주시지 않겠느냐?" 또 "그리고 예수께서 그들에게 다시 말씀하였다. 너희에게 평화가 있으라. 내 아버지께서 나를 보내신 것 같이 나도 너희를 보내노라. 그리고 그가 이 말씀을 하시면서 이렇게 말씀하셨다. 성령을 받으라." 곧 모든 사람들이 밝고 행복한 얼굴로 뛰어 일어나면서 소리쳐 하나님을 찬양했다. 이것이 성령의 역사가 아니라면, 누가 그것을 설명할 수 있겠는가?

서지방에서는 갈산에서 세 번째 연속 사경반이 열렸다.

어떤 면에서는 그것에서의 성과가 다른 두 것의 경우보다 더 놀라웁다. 이곳에서도 사죄와 깨끗하게 되는 데는 똑같은 죄의 고통과 기쁨이 있었지만, 기쁨의 정도는 더 높이 올라갔고, 여러 번 사람들이 자신을 억제할 수 없어서 옛날 다윗이 그랬던 것처럼 너무 기쁜 나머지 주님 앞에서 춤을 추기도 하였다. 이 사람들은 더 열심으로 기도하였고 집회 시간이 아닐 때는 하나님과 만나기 위해 주변의 산들로 올라갔다. 또 하나의 특징은 구원받지 못한 친척들에 대한 대단한 관심이었다. 자신의 죄를 용서받은 한 부인은 성령의 세례를 구하였는데, 곧 그것을 받고 넘치는 기쁨을 경험했다. 그녀는 너무나 기뻐서 사람들마다 돌아다니면서 자신의 이야기를 하다가, 갑자기 마루에 엎드려 몹시 울기 시작했다. 우리는 그녀가 구원받지 못한 남편 때문에 괴로워하고 있다는 것을 알았다. 곧 그녀는 남편을 데리러 14마일(22.4Km) 떨어진 집으로 걸어갔다. 결국 그는 이곳으로 왔고 그리고 구원받았다. 많은 사람들은 큰 은혜를 받은 후, 집으로 가서 친척과 친구들을 전도했다. 지면이 한정되어 있으므로 더 이상 개별적인 경험들을 말할 수가 없다.

갈산에서의 사업은 서지방 전도인들의 마음에서 시작되었다. 그들은 스스로 하나님 앞에 겸손하게 그들의 죄와 실패를 고백하였고 완전한 복종을 하였다. 그들은 자신들이 성령으로 충만해 있다는 증거들을 보여주었고, 우리들은 그들이 성령의 능력을 자신들의 사업에서 드러낼 것을 기대하고 있다.

이상의 세 사경반에서 이루어진 것보다 더 진지한 기도는 아직 들어보지 못했다. 제일 요소는 기도였고, 설교는 단지 부차적인 역할을 하였다. 천국은 폭풍에 기습당했고 응답은 곧 내려왔다. 결과들이 더 영속적인 것으로 나타나게 될 증거들이 나타났다는 점에서, 이런 부흥회는 우리가 전에 여기서 가졌던 것들과는 매우 다르다. 사람들은 자신의 죄를 용서받을 뿐만 아니라, 자신들을 계속 죄에서 멀리할 수 있게 하는 성령의 능력을 얻고 있다. 이쪽 방향으로 더 많은 교육이 있었고, 사람들은 더 잘 이해하고 있다. 성령으로 충만한 사람들은 잃어버린 자들을 데려오는 데 있어서 불이 붙었고, 따라서 우리는 이 방면의 모든 사업에서 많은 진전을 기대한다.

"사람들아, 그의 사랑에 대해 여호와를 찬양하라.

그리고 사람의 자녀들에게 행하신 그의 놀라운 일들에 대해서도!
왜냐하면 그는 열망하는 영혼을 만족시키시고,
굶주린 영혼을 선으로 채우시기 때문이다."

(1902-1930 천안 공주지방 교회사 자료집, 홍석창 편저 p. 233-240)

마. 스웨어러 감리사 보고(1914)

다음은 제16회 연회에서 회의록 39쪽 스웨어러 감리사의 보고로 공주 서부지역에서 행한 사부인과 서부인의 활동을 소개한 내용을 발췌한 것이다.

사부인은 여성 성경공부반을 이끌면서 교회의 정규 신도로 여성들을 준비시키기 위해 지칠 줄 모르고 서부구역을 순회했다. 우리는 사부인의 사역에 대하여 매우 감사드린다. 우리는 또 어학 수업을 훌륭하게 발전시키고 할 수 있는 한 선교사업에 도움을 주고 있는 미스 배어에게도 감사드린다. 만약 그녀의 열정을 기준으로 보면 미스 배어는 여성 신도들을 가치 있는 활동가로 만들게 될 것이다. 스웨어러 부인(서부인)은 이 지역의 여성 강좌 활동에 헌신해 오고 있는데 다른 분야에서는 활동 자체를

크게 만족해하고 있다.(『이야기 사애리시』 p.144)

바. 사부인의 서부인 관련 보고(1913년)

사부인께서 보고한 1913년 제13회 KWMC 연회보고서(6.6.-11.) 중에 등장하는 서부인 관련 내용을 발췌해 보면 다음과 같다.

스웨어러 부인(서부인)은 집에서 주일학교 선생님 모임을 하고 또 주일학교에서 한 반을 맡아 가르치고 있다.

스웨어러 부인(서부인)과 전도부인의 도움으로 과거 어느 때보다 더 많은 사경회를 두 지역에서 개최할 수 있었었다. 공주시 사경회는 그중에서도 최고였다. 몇 명의 한국인 선생님들과 함께 모든 선교사 부인들이 우리를 도와 여자수강생들이 열심히 공부하도록 지도했고 학생들은 공부를 즐겼다. 한 수강생은 '이런 식으로 1년을 공부할 수 있다면 뭔가 알 수 있을 것 같다.' 고 말했다. 우리가 오직 바라는 것은 수강생들이 늘 하는 일에서 벗어나 1년 동안 철저히 공부를 할 수 있게 되는 것이다.(『이야기 사애리시』 p.132-133)

사애리시 부인(오른쪽)과 서사덕 부인(왼쪽)

사. 사부인의 서부인 관련 보고(1914년)

제16회 연회(1914.6.3.-9., 이화학당)에서 사부인은 공주 선교구의 동부와 서부의 전도사업과 주간학교에 대해 5쪽, 스웨어러 부인이 공주 선교사업에 대해 3쪽 분량의 보고를 하고 있다.

이 중 사부인의 보고내용 중 스웨어러 부인에 대해 언급한 내용은 다음과 같다.

스웨어러 부인은 3개의 사경회를 맡아서 진행했고 한 곳의 사경회에서는 보조로 도움을 주었다. 전도부인과 지원자들이 나서 10개의 사경회를 맡았다. (『이야기 사애리시』 p. 140)

스웨어러 부인은 전도 여행을 떠나지 않고 집에 있을 때는 주일학교 강습을 위한 교사 스터디 모임을 하고 있고 공주 사경회를 돕고 있다. 올해는 미세스 반 버스커크가 없어 그의 공백이 아쉽다. (『이야기 사애리시』 p.141)

아. 사부인의 서부인 관련 보고(1918년)

1918년 제20회 KWMC 연회보고서는 71쪽부터 77쪽까지 여러 분야에 걸쳐 사부인의 보고를 싣고 있는데 그중에서 서부인과 관련된 부분을 발췌하여 정리하면 다음과 같다.

나는(사부인) 내가 맡은 지역에 12개의 성경공부반을 개최했고 스웨어러 부인(서부인)은 다른 2개를 맡았다. 11월에는(1917) 둘이서 같이 전도부인과 십일조부인(교인들에게 전도사업을 위해 헌신하는 날을 갖도록 한 '날연보' 와 같은 개념으로 부인들을 대상으로 한 것. 한국 기독교 초창기 시절 인력과 재정이 없었던 관계로 교인이 하루나 이틀 전도에 나섰는데 이를 헌금 개념으로 생각했다) 들을 위한 성경공부반을 개설했다. 모두 즐거운 시간이었다. 가장 흥미로웠던 것은 지난 2월(1918)에 모든 성경공부반을 모아 한꺼번에 성경공부를 한 것이다. 처음에 우리 두 사람(사부인과 서부인)은 많은 사람이 왔을 때 강의실이 비좁을지 몰라 이 시도가 성공할 수 있을지 걱정했다. 이 때문에 우리는 옮길 수 있는 가구는 모두 치웠고 작은 틈이라도 확보하려고 애썼다. 정말 더는 조금도 짜낼 수 없을 만큼 공간을 확보하느라 노력했다. 참석자들은 합동 강의가 끝날 때쯤, 이구동성으로 가장 즐거운 시간이었다고 말했다.

스웨어러 부인(서부인)은 나와 함께 갈산(충남 홍성군 갈산면)에 가서 남녀 성경공부반을 진행했는데, 그곳 교인들은 스웨어러 부인을 진심으로 환영했다. 많은 교인은 스웨어러 부인의 남편 스웨어러 선교사(서원보 박사, 1871-1916)가 3년 전 갈산에서 부흥회를 열었고, 소천한 것을 기억

1930년대 공주 영명동산(맨 앞쪽 3층 건물이 선교사 가옥으로 사부인과 서부인이 함께 살았고 백정화 권사께서 이 집을 다니시며 일하셨다.

하고 있었다. 스웨어러 선교사는 아주 오랫동안 이 지역 교인들을 위해 목회했고 당시 부인(서부인)도 함께 활동하였다. 3년 전 부흥회를 통해 놀라운 축복을 받은 갈산의 이 작은 모임은 여전히 참되게 살고 있고 교회는 꾸준히 성장하고 있다. 한 가지 갈산 교회에서 행해지고 있는 일 중 흥미로운 사실은 십일조 헌금이 잘 지켜진다는 것이다. 남녀 모두 그들의 수입에서 십일조를 헌금했는데 여자들은 심지어 고춧가루의 10분의 1을 가져왔다. 지난번 추수감사절 예배에서 모든 사람이 십일조를 가져와 주님께 바쳤다. (『이야기 사애리시』 p.182-183)

백정화 권사님께서 손수 지어 주신 옷을 입은 류명상(맨 우측, 1963)

자. 사부인의 보고서 중 서부인 관련 내용(1929년)

1929년 KWMC 보고서(평양, 1929.6.14.-17)중에 나오는 서부인 관련 언급부분을 발췌하면 다음과 같다.

매주 화요일 밤 스웨어러 부인(서부인)이 진행하는 성경공부반에도 많은 사람이 참석하고 있는데, 전에는 성경말씀 공부에 흥미를 보이지 않던 사람들도 나오고 있다.

(『이야기 사애리시』 p. 263-264)

오랜 동안 동료선교사였던 릴리안 M. 스웨어러 부인(서부인)이 귀임한 데 대해 하나님께 감사드린다는 내용이 있는 것으로 보아 아마 서 부인께서 안식년을 보내고 오신 모양이다.

차. 사부인의 보고서 중 경천 원명학교 관련 언급(1930년)

경천(공주 경천 원명)과 양대(천안 입장)의 여학교는 여전히 운영되고 있고 지역사회를 위해 훌륭한 일을 하고 있다. 이런 지역에서는 우리가 운영하는 여학교가 유일한 학교로 이들 학교가 없으면 이곳의 소녀들은 아무런 배울 기회가 없다. (『이야기 사애리시』 p.269)

미국에서 1928년 시작된 경제 불황, 즉 대공황의 영향으로 논산교회 영화학교와 강경교회 만동여학교가 폐교되는 상황에서도 공주 계룡 경천에 있는 원명학교와 천안 입장 양대리에 있는 학교는 운영되고 있는데 그 이유는 다른 교육기관이 없었기 때문이라 했다.

6. 류중무와 케이블 선교사, 스웨어러 선교사

아래 내용은 『유관순 가의 사람들』(2019, 신앙과지성사, 이덕주 최태육 지음)에서 지령리교회와 류중무 전도사 관련된 내용을 발췌 정리한 것이다.

지령리교회(현 매봉교회)는 설립자가 유빈기(유성배, 1883~1927)로 되어있는데 유빈기는 유윤기(류중무의 부친, 류경석의 조부, 류제경의 증조부)의 사촌 동생이다. 유빈기는 1901년 결혼하고, 1902년 장남 출생 이후 공주에서 생활하다가 케이블 선교사의 전도를 받고 기독교인이 된 후 고향 지령리에 교회를 세웠는데 사촌인 유윤기와 그 가족과 남녀 종들을 포함한 일가들이 참여한 것으로 추측된다.

1907년 8월 16일 자 대한매일신보에 실린 "국채보상 의연금 수입 광고"에 82명 지령리교회 교인들이 참여한 기록이 남아있는 것으로 보아 1907년 이전에 지령리교회는 존재했었음을 알 수 있다. 1907년 공주지방 파송기에 목천구역이 처음으로 독립구역으로 등장하는데 1907년 10월 '아내교회' 15 간 불에 전소한 내용이 보고되어있으나 아내교회가 아우내에 있는 교회라는 뜻으로 지령리 교회와 일치하는지는 명확지는 않지만 지령리교회일 가능성도 배제할 수 없다. 1908년 1월 케이블(Elmer M. Cable, 기이부 奇怡富) 선교사 부부, 버딕(G. M. Burdick, 변조진 邊兆鎭) 일행이 지령리교회 부흥회를 인도한 내용을 상세히 보고하고 있는데 어린이와 어른이 회중 앞에서 공개적으로 죄를 자복하는 강력한 성령의 체험이 있었다고 하였다.

당시 상황을 기록한 1908년 연회보고서의 내용을 옮겨 적으면 다음과 같다.

우리가 이 마을에 도착한 것은 저녁때였습니다. 교인들은 우리를 만나기 위해 아주 먼 거리까지 마중을 나왔습니다. 우리를 보자 한없이 기뻐했습니다. 우리들이 도착하자 줄을 지어 뒤를 따르며 자신들이 지은 환영의 노래를 불렀습니다. 케이블 부인(Mrs. Cable)과 나는 그들의 헌신적인 사랑의 표현에 압도되었습니다. 마을에 들어서자마자 백여명의 남녀 교인이 우리를 기다리고 있었습니다.

사경회 기간 동안 우리는 가르치는 것을 포기해야 했습니다. 저녁 부흥회 때, 우리는 성령의 임재와 그 능력에 대한 놀라운 경험을 했습니다. 사람들은 자신의 죄를 인정하고 고백했습니다. 나는 그런 모습을 지금까지 한 번도 경험한 적이 없었습니다. 눈물을 흘리는 가운데 몹시 괴로워하며 자신의 죄를 고백했습니다. 그들은 평화를 찾았고, 그리스도 안에서 용서함을 받았습니다.

여주 사경회에서 나타난 성령의 역사 이상의 능력이 나타날 집회는 없을 것처럼 보였습니다. 그러나 이번 집회는 여주 집회의 빛을 바라게 했습니다. 주님은 '죄가 더한 곳에 은혜가 더욱 넘쳤나니'라는 말씀을 입증하였습니다. 이번 집회는 시작부터 끝까지 놀라웠습니다. 하나님의 능력이 나타나서 그 앞에 있는 모든 것을 휩쓸었습니다. 집회에 참석한 남녀들은 극악한 죄를 깨닫게 되자 격렬하게 울부짖고 극심하게 괴로워하며 자신들의 죄를 고백했고, 용서와 자비를 위해 기도했습니다.

우리는 제단 앞에서 교인들이 서로 끌어안고 서로 용서를 구하는 것을 보았습니다. 부모들에게 순종하지 않던 어린이들은 일어나 집회에 참석한 사람들 중에서 부모들을 찾았습니다. 그리고 부모 앞에 무릎을 꿇고 용서를 빌었습니다. 서로에게 잘못을 저지른 형제들은 자신들의 잘못을 고백한 후 형제에게 용서를 구했습니다. 물건을 훔친 사람들은 죄를 고백하고 훔친 것을 돌려주었습니다. 첩을 둔 남자들도 죄를 고백하고 합의하에 첩과 이혼을 했습니다.

그 당시 상황만 보고했고 실제로 실명을 기록하지는 않았지만 그 속에는 유윤기, 류중무, 류경석, 이소제(류관순 모친), 류관순, 류예도, 조인원(조병옥 부친, 지령리 교회 속장), 조병호(조인원의 아들) 등도 참여하였을 것으로 생각된다.

6. 류중무와 케이블 선교사, 스웨어러 선교사

아래는 케이블 선교사의 약력을 소개한 것인데 케이블 선교사는 코넬대 출신으로 1899년 한국 선교사로 파송되어 배재학당 교수와 협성신학 교수, 연희전문 교수를 역임하고 협성신학교 교장을 지낸 분인데 중간에 잠시 충청도지방 감리사(1905)와 공주지방감리사를 거쳤다. 아마도 이때 케이블 선교사는 지령리교회 설립자로 알려진 유빈기를 공주에서 전도한 것으로 보인다. 그 후 스웨어러(서원보) 선교사의 투병기간 중 공주지방감리사로 잠시 있는 기간(1907~1909) 중 1908년 1월 지령리교회를 방문하여 부흥회를 인도한 내용을 보고서에 남겼다. 이 당시의 부흥회 기간 중 있었던 성령의 강력한 임재와 회개운동에 관한 보고는 1908년 평양 대부흥운동, 원산 대부흥운동뿐만이 아니라 서부인께서 1915년에 보고한 〈충청지역에서의 성령의 역사〉 내용에도 그대로 이어지는 것으로 보아 당시 한국 전역에서 일어난 성령 회개운동이 얼마나 강력했었는지를 짐작할 수 있다.

〈케이블 선교사 약력〉

1874. 아이오와 기독교 가정 출생

1899. 6월 코넬대 졸업

1917. 코넬대 명예신학박사

1899. 봄 미감리회 서북 아이오와연회 목사안수, 한국 선교사 파송

1899. 가을 9월 내한

1899~1901 배재학당 대학부 교수 재직

1902. 5월 평양 선교연회에서 무어 감독에게 장로목사 안수

한국 서지방 감리사, 제물포교회 담임

1905. 6월 경기 서부, 충청도지방 감리사

1907년 제물포지방 감리사

1907.11월 스웨어러 선교사 투병으로 공주지방 감리사

1908. 1월 지령리교회 방문

1909. 4월 스웨어러 부부 다시 공주로 올 때까지 공주지방 감리사 수행

1910. 6월 협성신학교 교수(역사신학) 4년 강의

1915. 감리교와 장로교 연합 경영으로 연희전문학교 신

촌건립 시 창설 참여

10년간 연희전문 교수 재직

1926. 6월 협성신학교 교장 취임

1926. 4월~ 충정로 협성여자신학교와 합방 교육 강행,

3년 후 두 학교 통합되어 감리교신학교가 됨

1932. 4월~1940. 12월 일제 강제 귀국 시까지 강의

1949.12.2. 별세

1908년 지령리교회 부흥회 이후 1909년 유성관(유중무)이 처음으로 미감리회 조선연회에서 유성배(유빈기)와 함께 북충청지방 권사로 파송되었는데 당시 공주지방이 북충청지방과 남충청지방으로 분리되었는데, 북충청지방 장로사는 케이블 이었고, 남충청지방 장로사는 스웨어러였다.

스웨어러(서원보) 선교사는 질병치료차 1907년 11월 이전에 미국에 갔다가 1909년 4월에 다시 공주로 왔다. 1912년에는 공주동지방 진천구역 담임자로 유성관(유중무)이 파송되었다. 1912.10.15.일자 「조선그리스도인회보」에서 지령리교회와 이웃한 진천군 백락면 산직말교

회 담임자로 류승관(유중무)을 파송하였고 1912.3.5. 서울 상동예배당에서 열린 미감리회 조선연회에서 산직말교회를 비롯한 진천구역 담임자로 류성관(柳聖寬, 류중무)을 파송하였다. 1913.10.13.일자「그리스도회보」'회보대금 영수'에 목천 류성관(柳聖寬) 1원 영수기록이 있다. 1915.12.25.「관보」기독교 미감리회의 포교자 충청남도 천안군 동면 용두리 1-3 유성관(柳聖寬)으로 기록되어있고 1910.5.4.일자 "대한매일신보 각 처 지사광고"에는 유빈기(유성배) 공주부 복음서관 유성배씨로 지사원을 정하고 5월 1일부터 신보를 발송하오니…라는 기록이 남아있다.

1923년 미감리회 조선연회 천안지방감리사 보고에 의하면 "진천구역에 속한 아내 인근 몇 개의 예배공동체들이 서로 연합하여 자신들의 중심지에 예배당을 마련하기 위해 모금하고 있다. 온천과 조치원, 아내(Anai)에 새 교회들이 조직되어져야 한다."고 되어 있다. 1923.1.20. 조종범 진천면 읍내리 87 거주, 진천감리교회 담임자로 허가하는 내용이 있는데 여기에는 진천구역 담임자로 병천 인근, 장명리, 매송리, 지령리, 화덕리 감리교회 담임자로 포교허가한다고 되어있다.

6. 류중무와 케이블 선교사, 스웨어러 선교사

1923년 〈대정 12년 재산목록〉에 의하면 지령리 교회가 용두리 329번지(건물 명의 유중무)로 되어있으며 당시 유중무 집 주소는 용두리 418번지로 되어있어 교회 건물과 집이 분리되었으나 교회 건물 명의는 유중무 이름으로 되어있는 것을 확인할 수 있다.

1924년 천안지방 각 구역 통계에 의하면 진천구역과 병천구역이 분리되어 병천에 4개 회당이 있는 것으로 되어 있다. 1929년에 용두리(지령리)교회 예배당 판매결정이 진천구역 담임자 김순철 목사에 의해 보고되는데 이는 관보 1930.2.19.에 기록된 바 지령리교회가 폐지되고 유중무에서 유노석으로 소유권이 이전되었다.

이상의 내용으로 보아 1909년 이후 유중무는 지령리교회를 비롯한 목천 진천지역의 권사로 본처 전도사로서 역할을 수행하며 1919년 병천 만세운동을 주동하였고 3년 옥고를 치른 후에도 산골 마을 교회들을 순회 전도하다가 1930년에 지령리교회가 폐지될 때까지 계속된 것으로 보인다.

1909년 이후 유중무 권사가 본처전도사로서 실질적으로 담임했던 목천군과 진천군 지역 감리교회를 표로 정리하면 다음과 같다.

교회명	주소지
장명교회	천안시 동남구 수신면 장산리
지령리교회	천안시 동남구 병천면 병천리
매송리교회	천안시 동남구 북면 매송리
사자골교회	천안시 동남구 병천면 관성리 안사자골(1900년경 설립)
서원말교회	천안시 동남구 병천면 병천리 서원
산거리교회	진천군 진천읍 산계리 하목마을(1901년 설립)
산직말교회	진천군 문백면 계산리 안적골(1904년경 설립)
노원교회	진천군 이월면 노원리
지곡교회	진천군 백곡면 석현리 지곡마을

7. 류경석과 우리암 교장

류경석 장로님은 1894년 갑오생 말띠로 양반 가문에서 태어나 고향 지령리 한문 서당에서 수학하다가 아버지 류중무의 영향으로 기독교를 받아들이고 1910년부터 1915년까지 공주 영명학교를 다니셨다. 당시 영명학교를 설립하신 우리암 선교사께서 교장으로 계실 때이므로 직접 우리암 선교사를 비롯한 선교사들로부터 신학문을 배우신 분이다.

다음은 우리암 교장께서 1912년 연회에 학교 상황을 보고한 내용으로 주요한 부분을 인용하면 다음과 같다.

"시대가 어렵고 물가가 높았음에도 불구하고 우리는 작년과 같은 인원을 유지했다. 많은 소년들이 돈이 없어서 학교를 떠나야 했지만 그래도 나머지 학생들은 그들의 자리를 유지하였다. 예비반(primary department)은 이번 해에 다른 건물에서 공부를 하였다. 42명의 소년들이 출석하고 한국인들이 낸 학비와 후원금은 100원이다. 보통과(Grammar School)는 18명의 학생이 있고 고등학교는 17명의 학생이 있다. 이들 학교에서 이루어진 일들은 상당한 성장을 보여주었다. 우리는 일주일에 5일 동안 영어 야학교를 운영하고 있는데 7~10명의 소년들이 정기적으로 출석하고 있다.

고등학교 3학년 반은 겨우 세 사람밖에 없는데 그 이유는 이 반에 있는 다른 네 사람이 평양에 있는 학교의 4학년으로 들어갔기 때문이다. 그러나 그들은 곧 이곳으로 돌아와서 이 학교와 교회를 도울 것이다. 한국인 선생들과 학생들, 그리고 내가 전 시간을 쏟아서 이 학교를 가르치고 있고 그밖에 몇 명의 외국인들이 일주일에 서너 시간을 가르치고 있다. 그래서 우리는 생리학을 가르치는 버스커크(Burskirk) 박사와 영어를 가르치는 웰러

(Weller) 부부를 매우 감사히 생각하고 있다. 충당금이 부족하기 때문에 우리는 1915년 4월까지 고등학교를 두 학년만 가르치는 것이 최선책이라고 생각한다. 그때가 되면 공주에 4년제 고등학교가 완전히 구비될 것이기 때문이다."

이때 한국인 교사로는 김관회, 현기동, 김사현 등이 있었고, 1912년 숭실학교를 졸업한 1회 졸업생 황인식이 새로 부임하여 4명의 한국인 교사진을 구성했다. 버스커크 박사는 공주에 파송된 의료선교사로 1909년 본격적으로 의료활동을 하기 전에는 학교 사업을 도와 영어와 음악을 가르쳤다.(『영명 100년사』, p.102~103)

결론

이상에서 간략히 공주지방 초창기 선교사들과 우리 집안 어른들과의 관계를 정리해보았다.

백정화(白貞和) 권사님께서는 우리 집안 최초의 기독교 신자로서 사부인을 통해 신앙을 받아들였고 외동딸 노마리아를 영명학교에 입학시켰을 뿐 아니라 사부인 집에 가서서 집안일을 도와드린 사부인(Sharp Alice, 사애리시 史愛理施)의 조력자였다고 할 수 있다.

노마리아(盧馬利亞) 장로님께서는 사부인(Sharp Alice, 史愛理施)이 교장으로 있는 영명중학교 1회 졸업생이었고 졸업 후 사부인께서 세운 경천의 원명여학교와 둔포의 배영여학교의 교사로 근무하였으며 이후 서부인(May Shattuck Swearer, 서사덕 徐思德)께서 설립한 공금학원을 운영하며 서부인의 수양딸로서 동역자로서의 삶을 살았다.

류제경(柳濟敬) 장로님께서는 서부인께서 설립한 공금학원에서 교사로서, 공금학원의 교가를 지었을 뿐 아니라 서부인으로부터 받은 장학금으로 공부하였고 서부인의 정신을 이어받아 평생 장학금을 지급함으로써 받은바 사랑의 빚을 갚아나감으로 자유인으로의 삶을 사셨다.

류경석(柳京錫) 장로님은 영명학교 설립자이신 우리암(F.E.C. Williams, 우리암 禹利岩) 교장에게서 직접 교육받았을 뿐 아니라 당시 선교사님들의 교육을 받으신 분으로 교육자로서의 삶과 가족을 위한 헌신 교회를 위한 기도와 희생의 본을 보이신 분이다.

류중무(柳重武) 전도사님은 초기 선교사이신 케이블, 우리암(F.E.C. Williams, 禹利岩), 스웨어러(Wilbur C. Swearer, 서원보 徐元輔) 선교사님들을 도와 진천 목천 구역의 권사, 본처 전도사로서 헌신하였고 특히 지령리교회를 담임하여 병천 삼일만세운동을 주도하여 조카 유관순, 속장 조인원(조병옥 박사 부친)과 함께 최고형인 3년형을 언도받고

3년 복역 후에도 교회가 없어질 때까지 끝까지 돌보신 분이다.

이렇게 온 가족이 초기 감리교회 선교사님들과 특별한 관계로 얽히고 설켜 예수님을 믿고 신앙을 지켜나가 복음의 가문을 세운 것은 물론 교회를 세워나가며 평생 교육자로서 헌신한 것은 오로지 하나님의 각별하신 은혜요, 가문의 자랑이자 영광이라 생각한다. 또한 후손으로서 선조들의 신앙과 삶을 이어받아 계승 발전시켜나갈 책임과 의무가 막중함을 느낀다.

[부록]

1. 공금학원 관련 유명숙 고모 인터뷰 녹취록(2019.3.30. 21:05~41)

대담자 : 류명상, **상**–류명상, **숙**–류명숙

상: 노마리아 할머니에 대해서, 공금학원에 대해 아시는 대로 말씀해주세요. 뭘 가르쳤지요?

숙: 학교하고 똑같으지 뭐. 다 가르쳤어.

상: 선생님들은 누구셨나요?

숙:공주 영명학교에서도 오고, 공주 유지들도 오고,.

상: 학생들은 누구에요?

숙: 다 무산아동들이지

상: 학과 내용은?

숙: 초등학교 6학년은 아니고, 4학년 정도 과정을 국어, 산수, 습자 다 가르쳤지.

상: 아버지(류제경), 큰고모(류정숙)도 가르쳤나요?

숙: 응 다 가르쳤지.

상: 그런데 금정(錦町)학원이 왜 없어졌나요?

숙: 그전에는 공주에 교회가 없었어, 그런데 공주 상반정(현재 봉황동의 옛 이름)에 교회가 생기면서 폐지됐어.

상: 공금학원이 상반정교회가 생기면서 없어진 거군요?

숙: 없어진 게 아니고 학원을 교회지하실로 옮겨서 계속한 거지.

상: 1941년 일본 강점기에 공금학원이 폐지됐다던데, 어떻게 폐지된 건가요?

숙: 금정 건물이 매도됐지, 상반정 교회가 생기면서 옮겨간 거지.

상: 그럼 교회지하실로 옮겨가서도 노마리아 할머니가 계속 관여하신 건가요?

숙: 그럼, 계속했지.

상: 언제까지 계속했나요?

숙: 계속했지, 해방 후에도 계속 했어.

상: 노마리아 할머니 역할은?

숙: 그냥 선생이셨지, 원장은 양재순 씨구, 서사덕 씨가 많이 도와줬지. 유경석 씨는 그때 없었지 일본 가서 안 계셨고...

상: 고모님께서는 어떤 역할을 하셨나요?

숙: 나는 선생님이 못 올 때 했지. 식구들이 다 대들어서 했지.

상: 온 식구들이 다 교사를 했나요?

숙: 백정화 할머니 있고, 노명수 할아버지는 같이 살기는 했

지, 가르치지는 않았어, 너의 아버지(류제경), 큰고모(류정숙), 둘째 고모(류인숙), 나(류명숙) 다 가르쳤어, 작은아버지(류제일)는 쬐끄맸지...

상: 그때 가르쳤던 사람 중에 기억나는 사람이 있나요?
숙: 있지, 김재경이 알어?, 나야 아는 사람 많지.

상: 아시는 사람 생각나시는 대로 말씀해주세요.
숙: 김재경 이도 있구, 안백산 이도 있구, 하상은 이도 있구, 하상경 이도 있구, 또 많이 있어.

상: 지금 말씀하신 분들은 나이 또래가 어떻게 돼요? 고모님하고 비슷한가요?
숙: 나보다 많지. 전부 무보수로 와서 가르쳤어, 열심히 했어들.

상: 그때 가르쳤던 내용 중에 사상적인 것도 가르쳤나요?
숙: 사상적인 거는 안 가르치지. 그냥 국어, 음악, 산수, 습자 등 일반 학과목만 가르쳤지

상: 풍금이 있었고, 사철나무가 있었지요? 노래 많이 불렀다던데 무얼 불렀는지 기억하시나요?

숙: 풍금 있지, 지금도 있어.

상: 노래 부른 것 기억나시나요?

숙: 노래 많지 뭐.

상: 삼천리 반도 금수강산도 불렀나요?

숙: 그건 찬송가지. 홍난파 작곡한 거, 안신영이 작곡한 것, 안기영이 작곡한 거 많았어, 곡은 생각 안 나.

상: 그래도 안신영이란 이름은 기억하시네요?

숙: 그럼 있지. 안기영의 동생여.

상: 안기영은 누구예요?

숙: 안기영은 유명한 작곡가지. 안기영의 동생이고, 저기 뭐... 해방된 후 이북에서 그거 했잖어? 그 뭐지... "견우직녀" 그거 작, 작, 작곡인가 작사잔가 한 사람.

상: 그때 음악교육도 했었다는 거네요. 공금학원에서?

숙: 그럼, 그럼.

상: 그때 혹시 교가라는 게 있었어요?

숙: 있지.

상: 혹시 교가 기억을 하시나요? 한 줄이라도

숙: 하지. 응. 니 아버지(류제경)가, 니 아버지가, 니 아버지가 작사 작곡을 했어,

상: 내용이 뭐지요?

숙: 배움에 주린 동무 포식케 하고 원만한 쾌락함을 나누어 주는 화려하다 그 이름은 공금야학원 정하고 아름답다 공금야학원

상: 곡조도 기억하시나요?

숙: 하지. 곡조는 공깜마시 구남마시 그 곡 따다가 했어. 일본 군가인데 그 곡 따다가 했어.

상: 생각나시면 한번 불러보시지요.

숙: 그래. (노래로 부르심) 배움에 주린 동무 포식케 하고 원만한

쾌락함을 나누어 주는 화려하다 그 이름 공금야학원 정하고 아름답다 우리 공금 야학원 만세 만세 만만세 우리 공금 야학원

상: 아이구 잘하시네요!, 옛날 것을 다 기억하시네요? 대단하시네요!

숙: 그럼. 다 알지.

상: 그게 교가군요? 제 아버지가 작사를 했다구요?

숙: 응 작사 작곡, 작곡은 일본 군가인데 그 곡 따다가 했어. 그게 교가 겸 응원가로 그걸 다 써먹었어. 그냥.

상: 응원가는 어떤 때 쓰나요?

숙: 운동회도 하고 뭐 나갈 때 하지.

상: 학생이 많았어요?

숙: 학생 많지. 한 이백 명 되지

상: 그렇게 많아요? 이백 명이나 들어갈 만큼 집이 컸어요?

숙: 집이 크지. 교실이 하나, 둘, 셋, 넷, 넷 있고, 사무실 있고

방 있고 그랬어.

상: 교실이 넷 있고, 사무실 있고, 살림집 있고 굉장히 큰 집에서 사셨었네요?

숙: 응 그럼. 따로 있어.

상: 그러다가 봉황동으로 이사 온 것은 언제예요?

숙: 한참 있다지.

상: 공금학원이 상반정교회 지하실로 옮긴 후에도 한참 더 살다가 나중에 이사한 거네요?

숙: 응. 그럼.

상: 그 당시 노마리아 할머니 모습은 어땠어요? 활동상황은? 공주 공금학원 전에도, 아산 둔포에서도 야학을 하셨다던데요?

숙: 그랴. 노마리아 씨가. 맞아. 아산에서 교편 잡고 있을 때.

상: 아산에서 교편 잡고 있으셨다는 얘기는 알고 계시군요?

숙: 응. 그려. 맞어.

상: 교사들이 주로 우리 식구들 외에 영명학교에서 모셔왔나요? 보수가 없으니까 자원봉사였겠군요?

숙: 그럼. 영명학교 선생도 있었고, 학생들도 있었고 그랬어. 직원들도 오고, 뜻있는 사람들은 다 와서 가르쳤어.

상: 자금으로 지원한 사람들도 있었나요?

숙: 드물었지. 이현배 씨 알어? 정보덕 씨가 이현배 할머니여. 정보덕 씨가 많이 도와줬지.

상: 정보덕 씨가 공금학원을 도와줬나요?

숙: 아니, 우리 집을 백정화 할머니를(많이 도와줬지.)

상: 공금학원 폐교 사유를 알고 싶은데요?

숙: 공금학원이 폐지된 게 아니고 그냥 계속 제일감리교회 지하실로 옮겨서 계속했어.

상: 교회지하실에서 할 때도 명칭은 공금학원을 계속 불렀나요? 이름이 바뀌었나요?

숙: 그럼 계속했지. 원장은 양재순 씨구.

상: 원장은 양재순 씨가 계속했나요? 박 씨가 누가 있었다던데요?

숙: 박 씨 전도사가 있었어. 이름은 잘 모르겠구. 박 씨 할아버지 있었어. 아주 연세 많은 할아버지였어. 나이가 많으니까 그냥 도와만 줬지.

상: 노마리아 할머니를 독립유공자로 추천하려고 이런저런 관련 자료를 수집 중인데 공금학원에서 아버지는 무엇을 가르치셨나요?

숙: 니 아버지가 많이 수고했지. 뭐 따로 전문이 아니고 전부 아무꺼고 되는대로 가르쳤어. 선생이 안 오거나 부족하면 아무거나 가서 가르쳤어.

상: 그 당시 아버지가 6학년 때부터 가르치셨다던데 어린 나이인데도 가르쳤나요?

숙: 아이 잘하지! 어려두 할 건 다했어.

상: 어른들이 교육자로 헌신하신 것이 자랑스럽네요.

숙: 자랑스럽지!

상: 백범 김구 선생과 노마리아 할머니와의 관계는?

숙: 그때는 관계없었지. 해방 후에 얘기지.

상: 몸은 건강하시지요?

숙: 그냥 그래. 나이가 95세 넘었으니까 그냥 그래

위 악보는 류제경 작사, 일본 군함마치 곡, 류명숙 노래를 김춘원 선생께서 악보로 옮긴 것이다.

상: 다음에 궁금한 게 있으면 다시 전화 드릴게요.

숙: 그래 잘 있어라.

2. 공금학원 관련 류명숙 고모 인터뷰 녹취(2019.7.27.20:52~21:25)

대담자 : 류명상, 상: 류명상, 숙: 류명숙

상: 공금학원 가사의 뜻이 이해가 잘 안 돼서 여쭤보려고요. "배움에 주린 동무 포식케 하고 원만한 쾌락함을 나누어 주는.."이 무슨 뜻인가요?

숙: 배움에 주린 동무(同志)들을 포식(飽食)케 하고 원만(圓滿)한 쾌락(快樂)함을 나누어 주는 화려하다 그 이름 공금야학원 정하고 아름답다 우리 공금 야학원 만세 만세 만만세 우리 공금야학원 그런 뜻이야.

상: 교가의 곡조를 공감마시 구남마시라고 했는데 무슨 뜻인가요?

숙: 행진곡, 마치(march), 군함(軍艦) 마치(march, 행진곡(行進曲)) 이라는 뜻이지. 군함 마치 행진곡의 가사와 곡을 가지고 만들어 부른 거여.

3. 서부인 관련 류명숙 고모 인터뷰 녹취록(2019.10.04. 21:00 21:37)

대담자 : 류명상, 상: 류명상, 숙: 류명숙

상: 보내드린 사진에서 같이 찍은 선교사 이름 기억하세요? 서사덕 선교사하고 같이 찍은 송별사진이래요. 서사덕 부인과 사부인과 다른 점을 알려주세요.

숙: 사부인은 이근재 엄마 산파(이유영)(김은전?)를 딸로 삼았고, 서부인은 노마리아를 딸로 삼았어.

상 : 이근재는 뭐하신 분이에요?

숙: 이유영의 아들이지

상: 백정화 할머니를 예수 믿게 한 것은 누구예요?

숙: 잘 모르겠는데

상 : 백정화 할머니가 사부인 집에 가서 일하신 적이 있어요?

숙: 맞어. 그래서 연결이 된 거여.

상: 공금학원을 설립한 것은 누구예요?

숙: 서부인여.

상: 직접 운영도 했나요?

숙: 서부인은 명의만 있고 실제 운영은 노마리아가 했어.

상: 서부인이 아버지(류제경)에게 장학금도 줬다지요?

숙: 맞아 그랬어.

상: 서부인이 노마리아를 수양딸로 삼아서 아버지(류제경)에게 장학금을 준 거예요?

숙: 응. 그렇지.

상: 서부인이 다른 수양딸이 또 있었나요?

숙: 아녀, 노마리아 하나 뿐여.

상: 그렇군요. 아주 특별한 관계네요?

숙: 그렇지.

상: 할머니 방에 있던 백자 항아리가 서부인이 쓰던 것인가요? 사부인이 쓰신 것인가요?

숙: 그건 잘 모르겠어.

상: 같은 시대에 사부인과 서부인이 비슷해서 헷갈리는데, 구분이 가나요?

숙: 사부인이 더 위인 것 같어. 사부인은 곱살하고 동안이고 서부인은 갸름하고 아주 미인여. 키도 더 크고 아주 잘 생겼어.

상: 사부인은 좀 더 얌전하고 다소곳하고 서부인은 더 씩씩하게 느껴지던데요.

숙: 맞어.

상: 두 분 다 과부에요. 사부인은 결혼한 지 3년 만에 남편이 돌아가셨고, 서부인은 결혼한 지 10년 만에 남편이 돌아가셨더군요.

상: 사부인은 충남 일대를 돌아다니면서 활동하셨고 서부인은 주로 공주에서 활동하신 것 같던데요?

숙: 공주가 충남 도청이 있었으니까.

상: 서부인이 영명학교도 관계있나요?

숙: 영명학교는 우리암과 아멘트가 있었지.

상: 우리암이 광복 후 군정 때 다시 와서 군정에 관여했다지요?

숙: 맞어. 왔었지. 그래서 황인식이 도지사 됐지.

상: 영명학교 백년사에 보니까 말씀하신 안기영, 안신영이 다 나오던데 공금학원에 가르친 것은 누구예요?

숙: 안신영이여. 안기영의 동생이 안신영이여. 작곡가가 안기영이지만 공금학원에서 가르친 것은 안신영이여.

상: 백정화 할머니가 사부인 집에서 일한 기간은 얼마예요?

숙: 그건 잘 모르겠어.

상: 백정화 할머니가 사부인 집에서 아르바이트를 한 것은 사실이군요?

사부인과 서부인이 같은 집에 살았나요?

숙: 응 같이 살았어.

상: 노마리아 이름이 언제 지어졌는지 아세요?

숙: 출생하면서부터 지었겠지. 백정화 할머니가 신앙이 있었으니까.

상: 백정화 할머니께서 일찍 믿으셨네요?

숙: 그렇지. 할머니가 워낙 믿음이 있었기 때문에 그래서 그려.

상: 노마리아 할머니 출생이 1897년인데 공주에 선교사가 들어오기 이전인데, 다른 데서 신앙을 받아들였나요?

숙: 백정화 할머니 고향은 논산군 은진면이여.

상: 그런데 어떻게 공주까지 오셨나요?

숙: 결혼하면서 온 모양이여.

상: 논산에 가족들이 있나요?

숙: 논산에 백정화 할머니 언니가 살았어. 류정숙 고모를 데리고 가끔 은진에 다녀오셨어. 류정숙은 아마 알 거여. 관촉사 있는 동네여.

상: 백정화 할머니 언니네 집안도 기독교 집안인가요?

숙: 아녀.

상: 사부인이 백정화 할머니를 전도한 건가요?

숙: 그럴 거여.

상: 백정화 할머니가 깔끔하고 일을 잘하시니까 (사부인께서) 집안일을 부탁했겠지요?

숙: 그럴 껴.

상: 사부인과 류관순의 관계는?

숙: 그건 잘 모르겠어.

상: 류우석 씨는 아세요?

숙: 류우석이 류제충이 아버지지?

상: 맞아요.

숙: 류우석이가 조화벽이 남편이지?

상: 맞아요.

<공주기독교박물관 메일> 2019.3.27.

저희가 가지고 있는 자료를 찾아 보내드립니다.
신문 자료이니까 이미 있으실 수 있지만...
기사를 읽어보면 공금야학(금정야학, 지금의 교동이 그 당시에는 금정이었음)에서는 한글을 강습하였고, 민족의식을 고양하는 교육을 실시하였습니다.
공주 금정을 줄여서 공금이라고도 불렀던 것으로 추측됩니다.

최초 시작하신 분은 본 교회 선교사이신 1914년 서사덕 선교사였습니다.
서사덕 여사는 초기 남부지방 감리교 선교담당자였던 스웨러(한국명 서원보)선교사의 아내입니다.
이후 야학원은 경제적 어려움을 겪으며 끊어졌다 이어졌다 했던 것으로 보이나 교회가 그 책임을 감당하기 위해 경제적 원조를 계속했고, 끊어지면 다시 힘을 모아 야학을 열었습니다.
기사 중 야학당을 건축하는데 힘을 쓴 양재순은 공주 지역 최초의 양의사로 본교회의 독실한 신자였습니다. 기사 중 음악회를 주관하는 이들, 출연진들의 대다수도 모두 교회의 신자들이었습니다.
그 곳의 교사 역시 본 교회의 교인들이 주로 맡아서 했고,그 중 특히 유경석과 노마리아 (이후 부부 장로로 평생 교회에서 봉직)의 공이 매우 컸습니다. (유경석 선생님의 생전 증언)
이후 그의 아들 유제경 선생도 이 금정야학에서 공부하여 이후 공주대의 교수가 되었습니다.

사진 중 7번은 1920년대부터 1939년까지 기록한 교회의 임원회의록으로 아랫줄에 금정야학을 지원한다는 내용이 실렸고,
8번 사진은 40년 전에 기록된 '공주제일교회 80년사' 중 일부 내용을 찍은 것입니다.

원하시던 야학 폐쇄의 이야기가 보이지 않고, 달리 찾아봐도 기록이 없어서 아쉽습니다.
첨부된 기사 내용에서 보듯 일제가 금하던 한글강습과 민족교육이 폐쇄의 원인으로 보입니다.
1940~1941년은 일제가 선교사들을 일제히 방출하던 시기였고, 선교사 관련 사업뿐만 아니라, 본 교회까지도 폐쇄당했던 때입니다.
아마도 교회와 함께 교회 사업 중 일부였던 공금야학도 함께 폐쇄당하는 비운을 겪게 되었으리라 짐작합니다.

당시 기록들이 어려운 한문들이라 시간이 좀 걸렸습니다.
노마리아 장로님이 남겨주신 책장 등이 아직도 선명히 새겨진 이름과 함께 교회에 비치되어 있고,
유경석 선생님이 학생부를 오랫동안 담당하시며 찍어놓은 사진들이 교회에 여럿 남아있는데 더 구체적인 당시 이야기를 전해드리지 못해 안타깝습니다.

연락주셔서 감사했고, 건승하시기 기도합니다.

공주기독교 박물관 박보영 드림

SKT 64% 오후 8:57

네이버 뉴스 라이브러리

텍스트 보기 원문 한글변환

徐思德女史歸國(서사덕여사귀국)
三日公州(삼일공주)에서送別會(송별회)

【공주】 본적을 미국 뉴욕에둔서사덕(徐思德(서사덕))(六三(육삼))여사는 지금으로부터 二十九(이십구)년전 一九(일구)○七(칠)년에 그의남편 서원보(徐元輔(서원보))씨를 따라선교의 사명을 가지고만리타국에 원앙의짝을지어 조선으로 건너오자 즉시공주로 오게된바 불행이도 공주에온지 三(삼)년후에 남편을사별하게 되야 외로운몸이되엿으나 여사는 조곰도낙심치안코 남편의 하던사업을 이어서 한층더 굳세게 또한 꾸준히선교와 교육사업에 자기의 반생을바처 일하는중 특별히 무산자교육에 희생진력하야 자기의 일용까지도 절약하야서 만흔 금품으로 도아주는 불운한 무산학생에게 참구주가 되엇으며 여사의도음으로 훌륭한인물이 된자도 만흐며 자기가 교편을 잡고길러낸인재도 수백에 달하며 또한 무산아동교육 기관은 거의 자담으로십수년을 경영도하야 조선 교육계에 큰공적을 남기고 금번선교연한경과로 부득이 오는九(구)일에는아조조선을 떠나게 되므로 공주유지일동은 지난 三(삼)일 오후八(팔)시에 상반정예배당에서 송별회를성대히 거행하고 약간의 기렴품도진정하엿다한다.

◇女史(여사)의事業大畧(사업대약)

一九(일구)○七年(칠년) 永明女學校長就任(영명여학교장취임)

一九一四年(일구일사년) 公錦夜學設立(공금야학설립)

一九一九年(일구일구년) 公州幼稚園設立(공주유치원설립)

一九二八年永明普通學校管理者(일구이팔년영명보통학교관리자)

한자의 한글변환 시 두음법칙이나 동자이음 적용이 다소 불완전할 수 있습니다.
지속적인 연구를 통해 보다 나은 서비스를 만들어 가겠습니다. 한자사전 바로

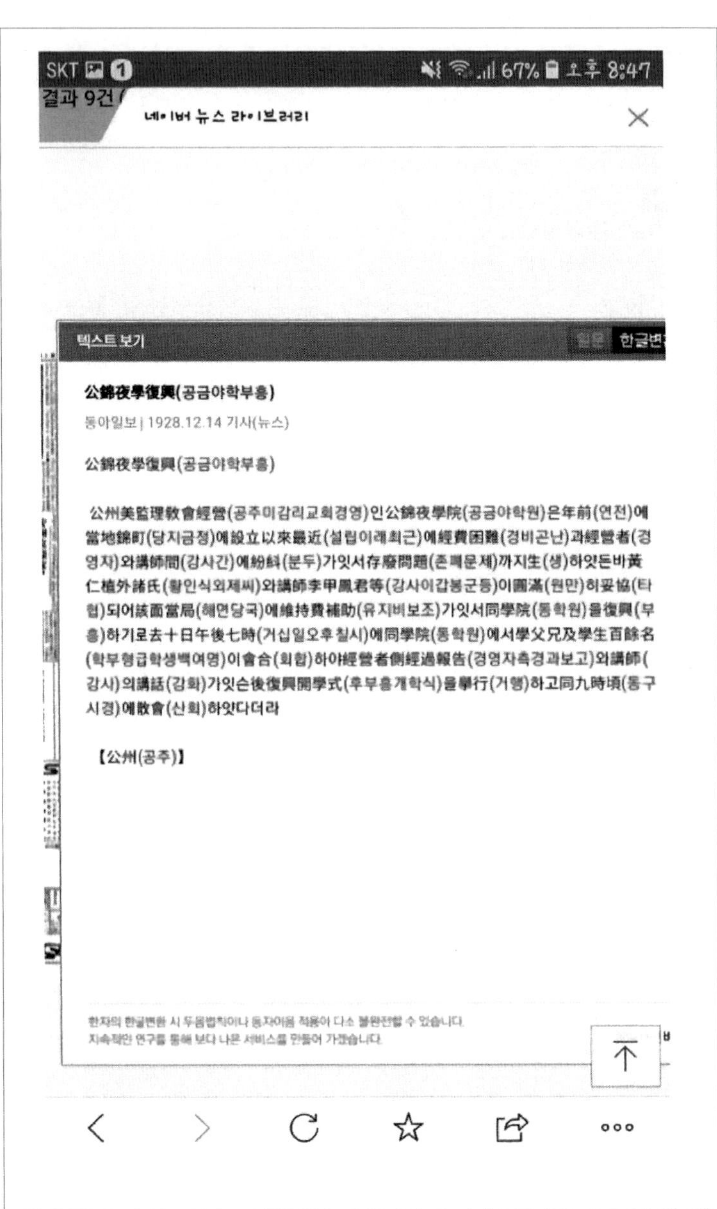

公錦夜學復興(공금야학부흥)

동아일보 | 1928.12.14 기사(뉴스)

公錦夜學復興(공금야학부흥)

公州美監理敎會經營(공주미감리교회경영)인公錦夜學院(공금야학원)은年前(연전)에當地錦町(당지금정)에設立以來最近(설립이래최근)에經費困難(경비곤난)과經營者(경영자)와講師間(강사간)에紛糾(분두)가잇서存廢問題(존폐문제)까지生(생)하얏든바黃仁植外諸氏(황인식외제씨)와講師李甲鳳君等(강사이갑봉군등)이圓滿(원만)히妥協(타협)되어該面當局(해면당국)에維持費補助(유지비보조)가잇서同學院(동학원)을復興(부흥)하기로去十日午後七時(거십일오후칠시)에同學院(동학원)에서學父兄及學生百餘名(학부형급학생백여명)이會合(회합)하야經營者側經過報告(경영자측경과보고)와講師(강사)의講話(강화)가잇슨後復興開學式(후부흥개학식)을擧行(거행)하고同九時頃(동구시경)에散會(산회)하얏다더라

【公州(공주)】

한자의 한글변환 시 두음법칙이나 동자이음 적용이 다소 불완전할 수 있습니다.
지속적인 연구를 통해 보다 나은 서비스를 만들어 가겠습니다.

사부인과 서부인

SKT 65% 오후 8:54

네이버 뉴스 라이브러리 

텍스트 보기

동아일보 | 1930.04.05 기사(뉴스)

會(회) 合(합)

◎開城新幹支會定大(개성신간지회정대) 來八日午(내팔일오) 後八時同會館內(후팔시동회관내)에서開催(개최)

◎長城新幹支會定大(장성신간지회정대) 來九日同(내구일동) 會館(회관)에서開催(개최)

◎密陽新幹支會委員會(밀양신간지회위원회) 去一日(거일일) 同會館(동회관)에서開催(개최)

◎富寧青盟第二回定大(부령청맹제이회정대) 來十三(내십삼) 日同會館(일동회관)에서開催(개최)

◎新乫坡少年會第三回定總(신갈파소년회제삼회정총) 去(거) 二十九日同志修養會(이십구일동지수양회)에서開催(개최)

◎公州公錦夜學(공주공금야학)한글講習修業式(강습수업식) 去月三十一日同講堂(거월삼십일일동강당)에서開催(개최)

◎統營青盟定大(통영청맹정대) 四日午後一時(사일오후일시) 同會館(동회관)에서開催(개최)

◎价川天道敎內修團創立七週年(개천천도교내수단창립칠주년) 記念式(기념식) 去月二十五日同宗理(거월이십오일동종리) 院(원)에서開催(개최)

◎咸興朝鮮飮食組合第三回定總(함흥조선음식조합제삼회정총) 去月三十日[illegible](거월삼십일동명극장)에서開催(개최)

◎鎭坪面協議員會(진평면협의원회) 去月三十日(거월삼십일) 同面事務所([illegible])

     ooo

SKT 74% 오후 6:37

 newslibrary.naver.com 

텍스트 보기 원문 한글변환

苦學生(고학생)의『慈母(자모)』 徐思德女史歸國(서사덕여사귀국)

동아일보 | 1935.05.07

苦學生(고학생)의"慈母(자모)"
徐思德女史歸國(서사덕여사귀국)
三日公州(삼일공주)에서送別會(송별회)

【공주】 본적을 미국 뉴욕에둔서사덕(徐思德(서사덕))(六三(육삼))여사는 지금으로부터 二十九(이십구)년전 一九(일구)〇七(칠)년에 그의남편 서원보(徐元輔(서원보))씨를 따라선교의 사명을 가지고만리타국에 원앙의짝을지어 조선으로 건너오자 즉시공주로 오게된바 불행이도 공주에온지 三(삼)년후에 남편을사별하게 되아 외로운몸이되엿으나 여사는 조곰도낙심치안코 남편의 하던사업을 이어서 한층더 굳세게 또한 꾸준히선교와 교육사업에 자기의 반생을바처 일하는중 특별히 무산자교육에 희생진력하야 자기의 일용까지도 절약하야서 만흔 금품으로 도아주는 불운한 무산학생에게 참구주가 되엿으며 여사의도음으로 훌륭한인물이 된자도 만흐며 자기가 교편을 잡고길러낸인재도 수백에 달하며 또한 무산아동교육 기관은 거의 자담으로십수년을 경영도하야 조선 교육계에 큰공적을 남기고 금번선교연한경과로 부득이 오는九(구)일에는아조조선을 떠나게 되므로 공주유지일동은 지난 三(삼)일 오후八(팔)시에 상반정예배당에서 송별회를성대히 거행하고 약간의 기렴품도진정하엿다 한다.

◇女史(여사)의事業大畧(사업대약)

一九(일구)〇七年(칠년) 永明女學校長就任(영명여학교장취임)

一九一四年(일구일사년) 公錦夜學設立(공금야학설립)

한자의 한글변환 시 두음법칙이나 동자이음 적용이 다소 불완전할 수 있습니다.
지속적인 연구를 통해 보다 나은 서비스를 만들어 가겠습니다.

한자사전 바로가기 ›

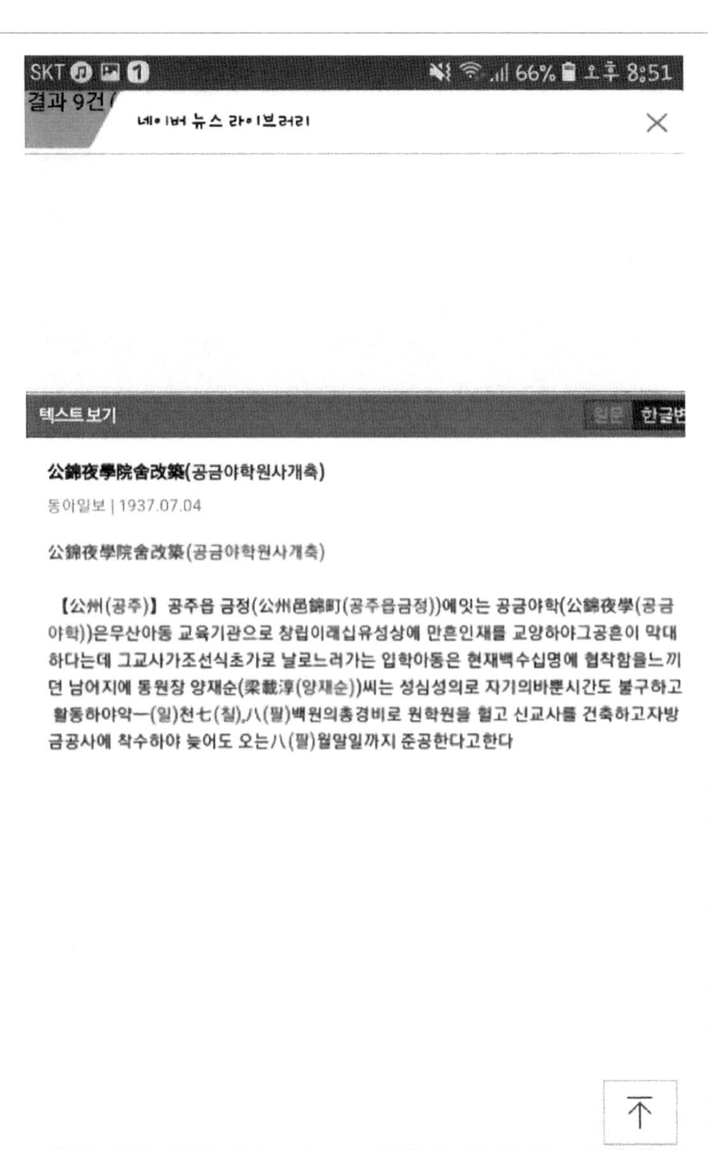

公錦夜學院舍改築(공금야학원사개축)

동아일보 | 1937.07.04

公錦夜學院舍改築(공금야학원사개축)

【公州(공주)】 공주읍 금정(公州邑錦町(공주읍금정))에잇는 공금야학(公錦夜學(공금야학))은무산아동 교육기관으로 창립이래십유성상에 만흔인재를 교양하야그공흔이 막대하다는데 그교사가조선식초가로 날로느려가는 입학아동은 현재백수십명에 협착함을느끼던 남어지에 동원장 양재순(梁載淳(양재순))씨는 성심성의로 자기의바뿐시간도 불구하고 활동하야약一(일)천七(칠),八(팔)백원의총경비로 원학원을 헐고 신교사를 건축하고자방금공사에 착수하야 늦어도 오는八(팔)월말일까지 준공한다고한다

67% 오후 8:44

결과 9건

네이버 뉴스 라이브러리

텍스트 보기 한글변

基本金(기본금)을造成(조성) 公錦夜學擴張(공금야학확장)

동아일보 | 1937.12.16

基本金(기본금)을造成(조성)
公錦夜學擴張(공금야학확장)

【公州(공주)】 공주읍금정(公州邑錦町(공주읍금정))에잇는 공금야학원(公錦夜學院(공금야학원))은 무산아동의 교육기관으로남과같이 잘먹고 잘입지도못하는八十(팔십)여명의 생도는 그래도 배워야하겟다는 생각으로 방한의 설비가없는 학원으로몰려와 이같이 추운겨울에 떨고잇는 그경상은피가잇고 생각이잇는자로서는 동정의눈물을 금치못할것이다 본학원에서는 이것을구제할 목적으로강사제씨의 열렬한성의로 본사공주지국후원을 얻어 다소간시탄비를 얻고자 오는 十七(십칠)일오후七(칠)시부터 상반정교회당(常盤町敎會堂(상반정교회당))에서 어린학생들의 가극회(歌劇會(가극회))를 연다는데 一(일)반의 다□□동정을 바란다고 한다.

한자의 한글변환 시 두음법칙이나 동자이음 적용이 다소 불완전할 수 있습니다.
지속적인 연구를 통해 보다 나은 서비스를 만들어 가겠습니다.

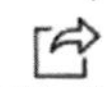

원하는 구제사업을 하였던 것이다.

(3) 금정 야학교(錦町夜學校) 설립

그러나 그 당시, 빈약하고 넉넉하지 못한 우리 교인의 자녀들과 이곳주민들은 돈이 없어서 학교에 제대로 나가지 못하는 사람이 많이 있었다. 낮에는 학교에 가서 공부하기보다는 공장에 가서 일해야만 했기에, 공부를 하고 싶어도 하지 못하는 형편이었다. 우리 교회에서는 바로 이들에게 관심을 갖고 밤에라도 나와서 공부할 수 있는 금정야학교(錦町夜學校)[121]를 1930년 5월 설립하였던 것이다.[122] 위치는 교동(校洞)이었으며 설립하기까지에는 류 경석(柳京錫), 노마리아 권사의 많은 공로가 있었다.[123]

한민족의 기본 구성요소의 하나가 그 민족의 언어와 글인만큼 우리 말과 한글이 없는 한국 민족은 생각할 수 없는 일이다. 바로 배우지 못한 젊은이들에게 우리 고유의 문화와 한글을 보존하고, 가르치는 일이야말로 우리의 역사에 영원히 빛날 공헌이었음을 아무도 부인못할 것이다.

낮에는 나가 열심히 일하고 밤에는 무척 피곤하였지만, 그래도 그들은 눈꺼풀을 비벼가며 공부하였다. 그들은 배운대로 보람을 가지고 한글을읽고, 노래를 배우며, 또한 성경도 배웠던 것이다. 이들을 가르치는 교사로는 김 수철(金洙喆), 강 응수(姜應壽)씨 등이었고[124] 우리 교회에서는 매달 10원씩 예산을 세워 야학교를 위하여 지급하였고[125] 1936년 9월부터는 우리교회 주일학교에서 2원을 더 보조하여 매월 12원씩 지출하였

121. 공금야학교(公錦夜學校) 또는 공금기도처(公錦祈禱處)라고도 하였다. (공주제일교회 1936. 9. 13. 직원회의록 참조)
122. 1930년 5월 7일 직원회의록
123. 류경석 장로 증언
124. 1931년 4월 1일 직원회의록
125. 1931년 4월 29일 임시 직원회의록

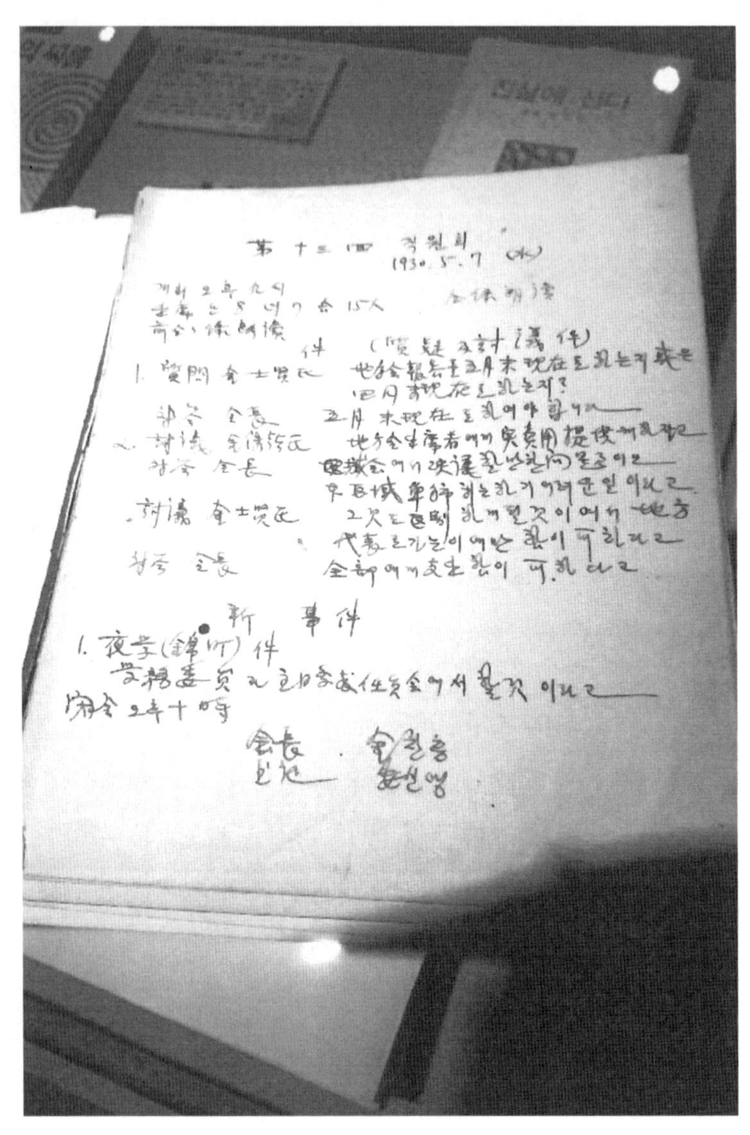

후기

한국 감리교회 외국인 선교사(1989. 한국감리교회사학회, 윤춘병) 107쪽에는 스웨어러 선교사를 설명하면서 부인이 서은덕(徐恩德)으로 표기되어있어 후에 이를 인용한 다른 자료들에서 서부인을 서은덕으로 표현한 것들이 있는데, 서부인의 결혼 전 이름 Shattuck를 한글로 표기하면 샤턱에 가까워 사덕으로 이름 지은 것으로 여겨지며 서부인이 미국으로 귀국하기 전 공주공금학원에서 찍은 송별사진에도 서사덕(徐思德) 여사 송별사진 1935.3.5.로 쓰여 있고 류제경의 일기에도 서사덕으로 쓰여 있는바 서은덕은 서사덕의 잘못된 표기로 보는 것이 타당할 것이다.

류중무 전도사에 대한 이름이 류중무, 유중무, 류성관, 유성관, 류셩관, 류승관 등으로 다양하게 표현되고 있는데 옛날 호적에는 한자로만 표현되어 류중무(柳重武)로 표현되었다가 그 후 모든 행정문서에 두음법칙을 적용하여 유중무로 쓰였고 2007년 8월부터 성씨에 두음법칙 예외 인정이 되면서 '유'를 '류'로 쓸 수 있게 되었으나 자동으로 모든 성씨를 바꾸어 준 것이 아니고 신청한 사람만 바꿀 수 있어 같은 집안에서도 성이 달라질 수 있게 되었다. 한편, 성관(聖寬)이란 이름은 세례를 받으면서 지은 이름으로 당시에 같이 세례를 받은 사람끼리 같은 돌림자를 쓰는 흐름이 있었는데 지령리교회 설립자로 알려진 유빈기의 다른 이름 유성배(聖培)와 같은 성자 돌림인 것이다. '성'자를 옛날에는 '셩'으로도 썼었고, 충청도 지역에서 '성'을 '승'으로도 발음했었다. 따라서 여러 형태로 쓰였고 불렸지만 결국은 같은 사람인데 원저에 나온 그대로 표현하였고 여기서 일일이 고치지는 않았다.

사부인과 서부인
예수의 삶을 산 두 선교사(사애리시·서사덕) 이야기
지은이 류명상
펴낸날 2022년 3월 20일(초판1쇄)
펴낸이 최병천
편집실무 강면실 윤진선 권오무
펴낸곳 밀알북스(신앙과지성사)
출판등록 제9-136 (88. 1. 13)
주소 | 서울시 서대문구 연희로 177 옥산빌딩 2층
전화 | 335-6579·323-9867·(F) 323-9866
E-mail | miral87@hanmail.net
홈페이지 | http://www.miral.co.kr
ISBN 978-89-6907-277-1 03230
값 10,000원